Margreet Kwakernaak

Sprachführer Niederländisch für Dummies

Das Pocketbuch

Übersetzung aus dem Englischen von Katrin Konst

Bearbeitet von Dana Pflugmacher

WILEY-VCH Verlag GmbH & Co. KGaA

Bibliografische Information der Deutschen Nationalbibliothek
Die Deutsche Nationalbibliothek verzeichnet diese Publikation in der
Deutschen Nationalbibliografie; detaillierte bibliografische Daten sind im
Internet über http://dnb.d-nb.de abrufbar.

1. Auflage 2012

© 2012 WILEY-VCH Verlag GmbH & Co. KGaA, Weinheim

Printed in Germany

Gedruckt auf säurefreiem Papier

Korrektur: Frauke Wilkens, München
Satz: Mitterweger und Partner, Plankstadt
Druck und Bindung: CPI – Ebner & Spiegel, Ulm

ISBN: 978-3-527-70757-7

Hilfreiche Fragen

✔ Sprechen Sie Deutsch? **Spreekt u Duits?** (*ßpreekt ü dèüjtß*)
✔ Können Sie mir helfen? **Kunt u mij helpen?** (*könnt ü mäij <u>häll</u>-pèn*)
✔ Wo sind die Toiletten? **Waar is het toilet?** (*waar iss èt twa-<u>lätt</u>*)
✔ Wie viel kostet das? **Hoeveel kost dat?** (*hu-<u>veel</u> kosst datt*)
✔ Wo finde ich …? **Waar vind ik …?** (*waar vinnt ick*)
✔ Wann öffnen Sie? **Hoe laat gaat u open?** (*hu laat chaat ü <u>oo</u>-pèn*)
✔ Wann schließen Sie? **Hoe laat gaat u dicht?** (*hu laat chaat ü dicht*)
✔ Können Sie etwas langsamer sprechen? **Kunt u wat langzamer praten?** (*könnt ü watt <u>lang</u>-saa-mèr <u>praa</u>-tèn*)
✔ Können Sie das wiederholen? **Kunt u dat herhalen?** (*könnt ü datt härr-<u>haa</u>-lèn*)

Die wichtigsten Redewendungen

✔ Hallo! **Hallo!** (*hall-<u>loo</u>*)
✔ Hi! **Hoi!** (*heu*) / **Hi!** (*hei*)
✔ Guten Morgen! **Goedemorgen!** (*<u>chu</u>-dè-morr-chèn*)
✔ Guten Tag! **Goede dag!** (*<u>chu</u>-dè dach*)
✔ Guten Abend! **Goedenavond!** (*<u>chu</u>-dè-naa-vonnt*)
✔ Auf Wiedersehen! / Tschüss! **Tot ziens!** (*tott sienß*) / **Dag!** (*dach*)
✔ Bitte sehr! **Alstublieft** (*<u>all</u>-ßtü-blieft*)
✔ Bitte? **Alsjeblieft?** (*<u>all</u>-schè-blieft*)
✔ Danke! (*gesiezt*)/(*geduzt*) **Dank u!** (*dank ü*) / **Dankjewel!** (*dank-jè-<u>wäll</u>*)

Die wichtigsten Redewendungen

✔ Verzeihung! **Neem me niet kwalijk** (*neem mè niet <u>kwaa-lèk</u>*) / **Sorry!** (*ßorr-rie*)

✔ Entschuldigung, wo ist …? **Pardon, waar is …?** (*parr-<u>donn</u> waar iss …*)

✔ Danke! **Bedankt!** (*bè-<u>dankt</u>*)

Um Hilfe bitten

✔ **Help!** (*hällp*) Hilfe!

✔ **Bel 112!** (*bäll een een twee*) Ruf die 112 an!

✔ **Politie!** (*poo-<u>lie</u>-zie*) Polizei!

✔ **Brandweer!** (*<u>brannt</u>-weer*) Feuerwehr!

✔ **Haal een dokter!** (*haal èn <u>dock</u>-tèr*) Hol einen Arzt!

✔ **Ik ben ziek!** (*ick bänn sieck*) Ich bin krank!

✔ **Iemand heeft mijn** … gestolen! (*ie-mannt heeft mäijn … chè-<u>ßtoo</u>-lèn*) Jemand hat mein … gestohlen!

✔ **Waar is het ziekenhuis?** (*waar iss èt <u>sie</u>-kèn-hèüjß*) Wo ist das Krankenhaus?

Schimpfwörter für alle Fälle

✔ **godverdomme** (*<u>chott-vér-domme</u>*, verdammt noch mal)

✔ **idioot** (*<u>ie-die-joot</u>*, Idiot)

✔ **jeminee** (*<u>jee</u>-mie-nee*, herrjeh, herrjemine)

✔ **klootzak** (*<u>kloot</u>-sack*, Scheißkerl, Arschloch)

✔ **kut** (*<u>kütt</u>*, Mist, Scheiße)

✔ **rot op** (*<u>rott</u> opp*, hau ab)

✔ **wat een geduvel** (*<u>wat een chè-dü-vèl</u>*, so ein Theater)

Inhaltsverzeichnis

Über die Autorin

Margreet Kwakernaak ist Dozentin für Niederländisch und Leiterin der Sprachenschule *Suitcase talen* in der niederländischen Stadt Almere. Sie hat Kursmaterial für Niederländisch als Erst- und Zweitsprache sowie Sprachkurse für Deutsch, Englisch und Spanisch entwickelt. Durch ihre langjährige Zusammenarbeit mit Studierenden aller Altersgruppen und Nationalitäten hat sie einen umfangreichen Erfahrungsschatz aufgebaut, der es ihr ermöglicht, auf die besonderen Bedürfnisse von Niederländisch-Lernenden einzugehen und ihnen Sicherheit im Schreiben und Sprechen einer Fremdsprache zu geben.

Seid ihr bereit?

Sollen wir nicht erst eine Tasse Kaffee trinken?

Einleitung

In einer globalisierten Welt, in der Flexibilität und Mobilität ständig an Bedeutung gewinnen, werden Fremdsprachenkenntnisse immer wichtiger. Studenten absolvieren ihr Studium zum Teil im Ausland, und in der Wirtschaft geht es oft nicht nur um die geschäftliche Kommunikation auf Englisch, sondern auch um Sprachkenntnisse, die bei Reisen und Kontakten vor Ort gefragt sind. Gerade in den Niederlanden, wo ein Großteil der geschäftlichen Kommunikation auf Englisch abgewickelt wird, kann man mit ein wenig Niederländisch die Herzen der Einwohner dieses Landes gewinnen. Gefällt Ihnen nicht auch die Vorstellung, sich mit den Nachbarn, Kollegen oder zukünftigen Bekannten auf Niederländisch unterhalten zu können?

Der *Sprachführer Niederländisch für Dummies* hilft Ihnen, sich auf Niederländisch auszudrücken. Sie finden hier die sprachlichen Grundlagen und Redewendungen, die es Ihnen ermöglichen, in vielen Situationen zurechtzukommen.

Über dieses Buch

Dieses Buch ist keine wöchentliche Unterrichtstunde, zu der Sie immer pünktlich erscheinen müssen. Sie bestimmen selbst, in welchem Tempo Sie vorgehen und in welcher Reihenfolge. Sie können das Buch von Anfang bis Ende durchlesen oder einzelne Kapitel aufschlagen, je nach Ihren Interessen.

Wenn Sie noch gar keine Vorkenntnisse haben, empfiehlt es sich, zunächst die ersten Kapitel durchzulesen, bevor Sie selbst anfangen zu sprechen. Im ersten Teil werden die Grundregeln der Aussprache erläutert, die Ihnen die Arbeit mit den weiteren Teilen dieses Buches erheblich erleichtern.

Konventionen in diesem Buch

Für dieses Buch wurden einige Konventionen festgelegt, damit Sie ohne große Schwierigkeiten zurechtkommen:

✔ Niederländische Wörter sind **fett gedruckt**, um sie besser kenntlich zu machen.

✔ Die Aussprache ist *kursiv* gedruckt, betonte Silben sind <u>unterstrichen</u>; dahinter befindet sich die Übersetzung.

✔ Die Konjugation der Verben (eine Übersicht der gebeugten Formen des Verbs) finden Sie in Tabellen nach folgendem Muster: zunächst die Formen im Singular (Einzahl), also die ich-, du- und Sie-Form (Höflichkeitsform), dann die er/sie/es-Form. Es folgen die Formen des Plurals (Mehrzahl) mit der wir-, ihr- und sie-Form. Die Aussprache steht immer in einer Spalte dahinter.

✔ In jeder Sprache gibt es eigene Ausdrucksweisen und Metaphern. Denken Sie deshalb daran, dass die Übersetzung nicht immer wörtlich sein kann. Ich möchte Ihnen vor allem die Bedeutung des Gesagten vermitteln. Wenn man zum Beispiel den Ausdruck **koffie zetten** wörtlich übersetzen würde, hieße dies »Kaffee setzen«, gemeint ist aber »Kaffee kochen«. Im Buch finden Sie immer die Übersetzung, die der Bedeutung am nächsten kommt.

Törichte Annahmen über den Leser

Um einen Sprachführer schreiben zu können, muss man sich eine bestimmte Zielgruppe vorstellen. Für wen schreibt man einen *Sprachführer Niederländisch für Dummies*? Vielleicht erkennen Sie sich in den folgenden Überlegungen wieder.

✔ Sie können noch gar kein Niederländisch oder nur ein paar einzelne Wörter.

✔ Sie suchen eine praktische Anleitung, sodass Sie sich mit einigen Sätzen und Redewendungen auf Niederländisch verständlich machen können.

✔ Sie möchten umgangssprachliches Niederländisch lernen und dies auch in alltäglichen Situationen anwenden. Sie möchten nicht nur selbst entscheiden, welche Themenbereiche des Buches für Sie relevant sind, sondern auch wann und wie Sie sich damit beschäftigen.

✔ Sie möchten Niederländisch lernen und Spaß dabei haben.

Symbole, die in diesem Buch verwendet werden

Damit Sie schneller und leichter Informations- und Lerninhalte unterscheiden können, sind ihnen unterschiedliche Symbole zugeordnet, die sich immer am linken Rand befinden.

Dieses Symbol kennzeichnet einen Tipp, der Ihnen das Lernen erleichtern soll.

Hier gibt es eine kurze Zusammenfassung, die einen grammatikalischen Begriff oder Zusammenhang erläutert.

Wenn Sie Informationen über Land und Leute suchen, werden Sie hier fündig.

Wie es weitergeht

Wenn man eine Sprache erlernen will, muss man einfach irgendwo anfangen. Trauen Sie sich! Sie könnten zum Beispiel damit beginnen, im Buch zu blättern, und wenn Sie auf etwas Interessantes stoßen, lesen Sie dort weiter und legen los. Egal womit Sie beginnen, die Hauptsache ist die Freude am Lernen, und vielleicht bitten Sie schon bald einen Niederländer, der Sie auf Deutsch oder Englisch anspricht: **Wilt u Nederlands praten, ik leer Nederlands?** (*willt ü nee-dèr-lands pratèn, ik leer nee-dèr-lands*, Würden Sie Niederländisch sprechen, ich lerne Niederländisch?)

Wie sage ich das auf Niederländisch?

Niederländisch gehört zur Gruppe der westgermanischen Sprachen, zu denen auch Deutsch und Englisch gezählt werden. Nicht nur in den Niederlanden spricht man Niederländisch, sondern auch in Flandern, dem nördlichen Teil von Belgien. Dort wird das Niederländische auch als Flämisch bezeichnet (was darauf hinweist, dass es sich um einen Dialekt des Niederländischen handelt).

Doch hier soll es nicht um die Dialekte des Niederländischen gehen. Sie suchen einen schnellen Einstieg in die neue Sprache. Eine Möglichkeit ist, dass Sie zunächst Verbindungen zu Ihrer Muttersprache herstellen. Aufgrund der engen Verwandtschaft der Sprachen ist diese Methode beim Erlernen des Niederländischen besonders geeignet.

Sie können bereits ein wenig Niederländisch

Viele Wörter sind im Deutschen und Niederländischen gleich oder zumindest ähnlich. Hinzu kommen einige Wörter und Begriffe, die Sie aus dem Englischen kennen oder die international benutzt werden. Die in der Tabelle aufgeführten Wörter sind auf Niederländisch, Deutsch und Englisch gleich und sie haben auch die gleiche Bedeutung. Unterschiede gibt es lediglich in der Aussprache und Schreibweise. Im Deutschen werden die Substantive großgeschrieben, im Niederländischen und Englischen jedoch nicht.

Niederländisch	Aussprache	Deutsch	Englisch
de arm	*dè arrm*	der Arm	the arm
de bank	*dè bangk*	die Bank	the bank
fantastisch	*fann-tass-tieß*	fantastisch	fantastic
het glas	*hätt chlass*	das Glas	the glass
de hand	*dè hannt*	die Hand	the hand
de sport	*dè ßporrt*	der Sport	the sport
de tunnel	*dè tönn-nèl*	der Tunnel	the tunnel
de wind	*dè winnt*	der Wind	the wind

Verwandte Wörter

Im täglichen Sprachgebrauch werden immer mehr Wörter und Ausdrücke, die ursprünglich aus dem Englischen kommen, verwendet. Dabei schrecken die Niederländer nicht vor kleinen Anpassungen in der Schreibweise zurück.

Vor allem dort, wo neue Produkte und Erfindungen einen Markt suchen, und in den Bereichen des täglichen Lebens wie zum Beispiel im Sport oder den Medien werden diese Einflüsse zunehmend sichtbar. So gibt es, ähnlich wie im Deutschen, zum Beispiel keinen ursprünglich niederländischen Begriff für **de digitale tv** (*dè die-chie-taa-lè tee-vee*, digitales Fernsehen) oder **de megastore** (*dè mee-chaa-ßtoor*, der Megastore).

Weitere häufig verwendete Begriffe mit kleinen Anpassungen sind: **de supermarkt** (*dè ßü-pèr-markt*) und **de fitnessclub** (*dè fitt-nèß-clöpp*).

Dunglish

Niederländer, die international orientiert sind, verwenden oft zahlreiche englische Begriffe und Redewendungen. Besonders häufig geschieht das im Sport, in der IT-Branche und im internationalen Handelsverkehr. Die übernommenen Begriffe und Verben werden nach den Regeln der niederländischen Rechtschreibung und Grammatik gebeugt, was zu einem Gemisch aus Niederländisch und Englisch führt: dem Dunglish. So könnten Sie zum Beispiel hören, wie jemand sagt: **Ik ga dat even checken.** (*ik chaa datt <u>ee</u>-vèn <u>tschäck</u>-kèn*, Ich werde das mal eben kontrollieren.) oder: **Ik hoop dat hij niet te lang speecht.** (*ik hoop datt häij niet tè lang ßpietscht*, Ich hoffe, dass seine Rede nicht zu lang ist.) oder: **Bij een IQ-test scoorde zij heel hoog.** (*bäij èn ie-<u>kü</u>-tässt <u>skoor</u>-dè säij heel hooch*, Bei einem Intelligenztest erreichte sie ein sehr hohes Resultat.) Niederländer finden es oft schwierig, diese Wörter korrekt zu schreiben!

Einige Verben aus dem Sport:

✔ **fitnessen** (*<u>fitt</u>-nè-ßèn*) ins Fitnesscenter gehen

✔ **trainen** (*<u>tree</u>-nèn*) trainieren (gehen)

Einige Begriffe aus der Computerwelt:

✔ **deleten** (*die-<u>lie</u>-tèn*) löschen

✔ **inloggen** (*<u>inn</u>-loch-chèn*) sich einloggen

✔ **printen** (*<u>prinn</u>-tèn*) drucken

Mehr über die Konjugation von englischen Fremdwörtern finden Sie in Kapitel 7.

Sie müssen nicht glauben, dass die folgende Unterhaltung Ihnen einen Eindruck davon vermittelt, worüber sich junge Niederländer normalerweise unterhalten. Sie zeigt aber, wie viele Begriffe aus dem Englischen mitunter in einem Gespräch verwendet werden:

Marcel: **Hi, hoe is 't? Hoe is je nieuwe job?**
hei hu iss èt. hu iss jè <u>niju</u>-wè dschopp
Hallo, wie geht's? Was macht dein neuer Job?

Jacco: **Prima! Ik ben HR manager bij Lease Consult en leasing is een spannende business.**
<u>prie</u>-maa. ick bänn haa-<u>err</u> männ-nè-dschèr bäij ließ konn-<u>ßöllt</u> änn <u>lie</u>-ßing iss èn <u>spann</u>-nèn-dè <u>biss</u>-niss
Bestens! Ich bin Personalleiter bei Lease Consult und Leasing ist ein interessantes Geschäft.

Marcel: **Echt waar? Lease Consult is een Major Account van ons!**
ächt waar? ließ konn-<u>ßöllt</u> iss èn <u>mee</u>-dschèr è-<u>kaunt</u> vann onß
Tatsächlich? Lease Consult ist einer unserer Hauptkunden!

Jacco: **Ik kom je dus nog wel eens tegen in de Board Room.**
ick komm jè döss noch wäll èns <u>tee</u>-chèn inn dè boort rum.
Wir werden uns also wahrscheinlich mal im Besprechungsraum sehen.

Marcel: **Wie weet!**
wie weet
Wer weiß!

Jacco: **En ben jij weer happy?**
änn bänn jäij weer <u>häp</u>-pie
Und, geht's dir wieder gut?

Marcel: **Ja, maar Renate zit in een dip. Fulltime werken met een kid is nogal heavy en ze wil graag parttime werken.**
jaa maar rè-<u>naa</u>-tè sitt inn èn dipp. <u>ful</u>-teim <u>wärr</u>-kèn mätt èn kitt iss <u>noch</u>-all <u>häv</u>-vie änn sè will chraach <u>parr</u>-teim <u>wärr</u>-kèn
Ja, aber Renate ist ein bisschen depri. Eine volle Stelle und dazu ein Kind ist schon stressig und sie würde gern in Teilzeit arbeiten.

Jacco: **Ik begrijp het. Is parttime werken een optie?**
ick bè-<u>chräijp</u> èt. iss <u>parr</u>-teim <u>wärr</u>-kèn èn <u>opp</u>-ßie
Verstehe. Und ist Teilzeit machbar?

Marcel: **Op dit moment niet. Ze zitten midden in een reorganisatie.**
opp ditt moo-<u>männt</u> niet. sè <u>sitt</u>-tèn <u>midd</u>-dèn inn èn ree-or-chaa-nie-<u>saa</u>-zie
Im Moment nicht. Die Firma ist mitten in einer Umstrukturierung.

Kleiner Wortschatz

Niederländisch	Aussprache	Deutsch
echt waar	*ächt waar?*	tatsächlich
de supermarkt	*dè <u>ßü</u>-pèr-markt*	der Supermarrkt
parttime werken	*<u>ful</u>-teim <u>wärr</u>-kèn*	in Teilzeit arbeiten
het horloge	*hätt horr-<u>loo</u>-zschè*	die Armbanduhr

Etwas erwidern können

Wer eine Sprache erlernt und dann mit dieser Sprache im täglichen Leben konfrontiert wird, muss meistens feststellen, dass er zwar schon viel verstehen, jedoch noch wenig erwidern kann. Wenn Menschen merken, dass man sie versteht, fangen sie an zu erzählen und erwarten entsprechende Reaktionen. Aber genau das ist oft das Problem! Einige positive oder negative Reaktionen können in so einer schwierigen Lage schon äußerst hilfreich sein. Merken Sie sich einen positiven Ausdruck wie: **prima** (_prie_-maa, prima, wunderbar); eine neutrale Reaktion, die Sie in fast allen Situationen benutzen können, ohne jemanden zu beleidigen, ist: **interessant** (_inn-tè-rè-ßannt_, interessant), und haben Sie auch etwas parat, falls Ihnen jemand einmal etwas weniger Erfreuliches erzählt: **wat jammer** (_watt jamm-mèr_, wie schade). Hier ein paar Beispiele für Erwiderungen und Reaktionen und wie man sie richtig einsetzt:

✔ **Wat vind je van dit restaurant? – Prima!** (_watt vinnt jè vann ditt räss-too-rannt. prie-maa_, Wie findest du dieses Restaurant? – Wunderbar!)

✔ **Heb je zin om dit weekend mee te gaan zeilen? – Fantastisch!** (_häpp jè sinn omm ditt wie-kännt mee tè chaan säij-lèn. fann-tass-tieß_, Hast du Lust, dieses Wochenende zum Segeln mitzukommen? – Sehr gern!)

✔ **Dit zijn foto's van Amsterdam twintig jaar geleden. – Wat interessant!** (_ditt säijn foo-tooß vann amm-ßtèr-damm twinn-tèch jaar chè-lee-dèn. watt inn-tè-rè-ßannt_, Das sind Fotos von Amsterdam vor zwanzig Jahren. – Wie interessant!)

✔ **Het concert is afgelast. – Wat jammer!** (*hätt konn-ßärrt iss aff-gè-lasst. watt jamm-mèr,* Das Konzert ist abgesagt. – Wie schade!)

✔ **Mijn auto is stuk. – Wat een pech!** (*mäijn oo-too iss ßtöck. watt èn päch,* Mein Auto ist kaputt. – Was für ein Pech!)

Falls jemand Sie um etwas bittet, können Sie mit folgenden Erwiderungen positiv darauf reagieren:

✔ **Help je me even? – Natuurlijk.** (*hällp jè mè ee-vèn. na-tüür-lèk,* Kannst du mir kurz helfen? – Natürlich.)

✔ **Kunt u mij om 11 uur bellen? – Geen probleem.** (*könnt ü mäij omm elf üür bäll-lèn. cheen proo-bleem,* Können Sie mich um 11 Uhr anrufen? – Kein Problem.)

Benötigen Sie eine negative Antwort, können Sie diese Formulierungen problemlos verwenden:

✔ **Bent u morgen op kantoor? – Nee, het spijt me** (*bännt ü morr-chèn opp kann-toor. nee hätt ßpäijt mè,* Sind Sie morgen im Büro? – Nein, tut mir leid.)

✔ **Gaan jullie met ons mee? – Misschien de volgende keer.** (*chaan jöl-lie mätt onß mee. miss-ßchien dè voll-chèn-dè keer,* Kommt ihr mit uns mit? – Vielleicht nächstes Mal.)

Zu den entsprechenden Anlässen können Sie Folgendes wünschen:

✔ **Fijne avond.** (*fäij-nè aa-vonnt,* Schönen Abend noch.)

✔ **Goed weekend.** (*chutt wie-kännt,* Schönes Wochenende.)

✔ **Goede reis.** (*chu-dè räijß,* Gute Reise.)

✔ **Veel plezier.** (*veel plè-_sier_*, Viel Spaß.)

✔ **Beterschap.** (*_bee_-tèr-ßchapp*, Gute Besserung.)

✔ **Sterkte.** (*_stärrk_-tè*, Viel Kraft. / Alles Gute.)

Wenn Alkohol in Gesellschaft getrunken wird, können Sie Ihr Glas erheben:

✔ **Proost!** (*proost*, Zum Wohl!)

Wenn Ihr Niederländisch-Wortschatz größer geworden ist und Sie Freunde gefunden haben, können Unterhaltungen auch persönlicher werden. In Kapitel 4 erfahren Sie mehr zu Gesprächen.

Kleiner Wortschatz

Niederländisch	Aussprache	Deutsch
Prima!	*_prie_-maa*	Wunderbar!/ Toll!
Wat jammer!	*watt _jamm_-mèr*	Wie schade!
het spijt me.	*nee hätt ßpäijt mè*	es tut mir leid
geen probleem	*cheen proo-_bleem_*	kein Problem

Ein paar Ausspracheregeln

Wer eine neue Sprache erlernt, muss sich meistens zunächst überwinden, ungewohnte Wörter und Klänge selbst auszusprechen. Versuchen Sie es einfach und lassen Sie sich nicht verunsichern. Am Anfang werden Sie wahrscheinlich schon viel mehr verstehen können, als Sie selbst sagen können. Es ist ganz normal, dass der passive Wortschatz für jemanden, der aus dem deutschen Sprachraum kommt, viel größer ist als sein aktiver Wortschatz. Bei jedem Gespräch, das Sie hören, und jedem Text, den Sie lesen, erweitern Sie automatisch auch Ihren aktiven Wortschatz. Sie werden Redewendungen und Ausdrücke, die Sie mehrmals gehört haben, schließlich auch selbst benutzen, denken Sie zum Beispiel an Begrüßungs- und Abschiedsformeln.

Auf der Straße oder beim Einkaufen hören Sie ganz nebenbei viele Wörter oder Redewendungen. Achten Sie darauf, wie man sie ausspricht, und versuchen Sie, diese Aussprache nachzuahmen. In dieser Phase des Lernprozesses empfiehlt es sich, einige Grundbegriffe der Aussprache zu kennen. Die folgenden Abschnitte erläutern die Buchstaben des Alphabets ebenso wie deren Aussprache.

In diesem Buch wird zu jedem Wort oder Satz die Aussprache kursiv in Klammern gesetzt wiedergegeben. Dabei wurde eine Umschrift gewählt, die versucht, mit deutschen Klangverbindungen der niederländischen Aussprache nahezukommen. Das ist jedoch nicht immer vollständig möglich. Betrachten Sie die Lautumschrift deshalb als Stütze und orientieren Sie sich vor allem am gesprochenen Wort, an dem, was Sie im Radio oder Fernsehen und in Ihrer Umgebung hören. Bei allen mehrsilbigen Wörtern sind die Silben durch Bindestriche getrennt, wie in **goedemorgen** (*chu-dè-morr-chèn*, Guten Morgen). Die unterstrichenen Silben geben die Betonung innerhalb des Wortes an und was der Strich über dem e bedeutet, steht weiter hinten im Abschnitt »Der Vokal e«. Weitere Erläuterungen zu diesem Thema finden Sie im Abschnitt »Aussprache und Betonung« ebenfalls weiter hinten in diesem Kapitel.

Das Alphabet

Das niederländische Alphabet hat die gleiche Anzahl Buchstaben wie das deutsche, also 26. Trotzdem weicht deren Aussprache in einigen Fällen stark ab.

A *aah*	**N** *änn*
B *beej*	**O** *ooh*
C *ßeej*	**P** *peej*
D *deej*	**Q** *kü*
E *eej*	**R** *ärr*
F *äff*	**S** *äss*
G *cheej*	**T** *teej*
H *haah*	**U** *ü*
I *ie*	**V** *veej*
J *jeej*	**W** *weej*
K *kaah*	**X** *ickß*
L *äll*	**Y** *äij*
M *ämm*	**Z** *sätt*

Offene und geschlossene Silben

 Wörter kann man in Silben zerlegen. Diese Silbentrennung ist ganz wichtig, wenn man Wörter richtig schreiben und aussprechen will. Die richtige Silbentrennung und die Unterscheidung zwischen *offenen* und *geschlossenen Silben* kann das Lernen daher beschleunigen.

Eine Silbe ist ein Teil eines Wortes und Sie können sie auch hören, indem Sie beim Sprechen der Wörter in die Hände klatschen und so das Wort zerteilen. Jedes Klatschen ist eine Silbe. Sie können aber auch ins Wörterbuch schauen, auch dort wird die Silbentrennung zu jedem Wort angegeben. Um eine offene Silbe von einer geschlossenen Silbe unterscheiden zu können, sollten Sie sich die Einteilung in *Vokale* und *Konsonanten* noch einmal bewusst machen.

✔ *Vokale* sind Laute, die den zentralen Klang in einem Wort bilden: **a**, **e**, **i**, **o** und **u**. Die anderen Laute in einer Sprache werden *Konsonanten* genannt.

✔ Die Konsonanten sind: **b, c, d, f, g, h, j, k, l, m, n, p, q, r, s, t, v, w, x** und **z**.

✔ Silben, die auf einen oder mehrere Konsonanten enden, nennt man *geschlossene Silben*. So sind zum Beispiel die beiden Silben des Wortes **paspoort** (*pass*-poort, Reisepass) geschlossene Silben.

✔ Silben, die auf einen Vokal enden, bezeichnet man als *offene Silben*, wie die erste Silbe in dem Wort **water** (*waa*-tèr, Wasser) oder die erste Silbe in dem Wort **euro** (*öh*-roo, Euro).

Die Unterscheidung von offenen und geschlossenen Silben ist der Schlüssel zur Aussprache und richtigen Schreibweise der niederländischen Wörter: Ein Vokal in einer offenen Silbe wird lang ausgesprochen. Wenn einzelne Vokale in einer geschlossenen Silbe auftreten, werden sie kurz ausgesprochen. Auch beim Schreiben der Wörter werden Sie durch Anwendung dieser Regel wissen, wann man Vokale oder Konsonanten verdoppeln muss.

Aussprache der Vokale

Im Niederländischen kann die Aussprache der Vokale sehr variieren und es gibt auch ein paar Doppellaute, die für deutsche Ohren vielleicht zunächst ungewöhnlich klingen. Ich versuche, mit der phonetischen Lautumschrift eine Annäherung an den Klang zu geben, aber erst das Hören von niederländischen Sprechern wird diese Vorstellung abrunden.

Die Vokale **a, e, i, o** und **u** können sowohl lang als auch kurz ausgesprochen werden. Zum Glück gibt es dazu einige Regeln, die besagen:

✔ Ein Vokal ist kurz, wenn ihm ein oder mehrere Konsonanten am Ende einer Silbe oder eines Wortes folgen, wie zum Beispiel in **de dag** (*dè dach*, der Tag), **het geld** (*hätt chällt*, das Geld), **ik** (*ick*, ich), **kort** (*korrt*, kurz), **de munt** (*dè mönnt,* die Münze).

✔ Ein doppelter Vokal ist lang, wie zum Beispiel in **gaan** (*chaan*, gehen), **geen** (*cheen*, kein), **ook** (*ook*, auch) und **het uur** (*hätt üür*, die Stunde).

✔ Ein Vokal ist lang, wenn er der letzte Buchstabe in einer Silbe ist, wie zum Beispiel in **dragen** (*draa-chèn*, tragen), **eten** (*ee-tèn*, essen), **roken** (*roo-kèn*, rauchen), **juni** (*jü-nie*, Juni).

Der Vokal a

Das **a** klingt kurz in geschlossenen Silben; das bedeutet, dem Vokal folgen ein oder mehrere Konsonanten am Ende einer Silbe oder eines Wortes:

✔ **de bal** (*dè ball*, der Ball)

✔ **de dag** (*dè dach*, der Tag)

Ein einfaches **a** in einer offenen Silbe, also am Ende einer Silbe oder eines Wortes, wird lang ausgesprochen:

✔ **dragen** (*draa-chèn*, tragen)

✔ **de kranen** (*dè kraa-nèn*, die Wasserhähne)

Ein **aa** (doppeltes a) in einer geschlossenen Silbe beziehungsweise in einem einsilbigen Wort wird immer lang gezogen ausgesprochen:

✔ **gaan** (*chaan*, gehen)

✔ **staan** (*staan*, stehen)

Der Vokal e

Wenn dem **e** ein oder mehrere Konsonanten am Ende eines Wortes folgen, wird es kurz ausgesprochen:

✔ **gek** (*chäck*, verrückt)

✔ **het geld** (*hätt chälld*, das Geld)

Wenn das **e** am Ende einer Silbe steht, wird es als lang gezogener Vokal ausgesprochen:

✔ **eten** (*ee-tèn*, essen)

✔ **beter** (*bee-tèr*, besser)

Beachten Sie, dass ein **e,** das in einer unbetonten Silbe zum Beispiel am Ende eines Wortes steht, wie im deutschen Wort *Bäcker* klingt. In der Umschrift wird der Klang mit *è* wiedergegeben.

Egal ob es nun in einer offenen oder in einer geschlossenen Silbe steht, **ee** (doppeltes e) wird immer lang ausgesprochen:

✔ **geen** (*cheen*, kein)

✔ **de neef** (*dè neef*, Cousin)

Der Vokal i

Wenn dem **i** ein oder mehrere Konsonanten am Ende eines Wortes oder einer Silbe folgen, wird es kurz ausgesprochen:

✔ **ik** (*ick*, ich)

✔ **dicht** (*dicht*, geschlossen/zu, Aussprache des ch wie in lachen)

Wenn der Buchstabe **i** am Ende einer Silbe oder eines Wortes steht, steht es für ein langes i. Es handelt sich hierbei oft um Fremd- oder Lehnwörter:

✔ **juni** (*jü-nie*, Juni)

✔ **de activiteit** (*dè ack-tie-vie-täijt*, die Aktivität)

Wie das **e** kann das **i** in einer unbetonten Silbe auch wie ein sogenannter Schwa-Laut ausgesprochen werden. Es handelt sich meistens um die Endung *-ig*.

✔ **prettig** (*prätt-tèg*, angenehm)

✔ **twintig** (*twinn-tèg*, zwanzig)

Die vier Vokale **a**, **e**, **u** und **o** werden manchmal verdoppelt (**aa**, **ee**, **uu**, **oo**), um die lange Version eines Vokals schriftlich wiederzugeben. Beim langen **i** geschieht dies durch die Schreibweise **ie**.

✔ **het bier** (*hätt bier*, das Bier)

✔ **de fiets** (*dè fietß*, das Fahrrad)

Der Vokal o

Wenn dem **o** ein oder mehrere Konsonanten am Ende einer Silbe folgen, wird es kurz ausgesprochen:

✔ **op** (*opp*, auf)

✔ **kort** (*korrt*, kurz)

Wenn das **o** am Ende einer Silbe oder eines Wortes steht, wird es als langer Vokal ausgesprochen:

✔ **boven** (*boo-vèn*, oben)

✔ **het document** (*hätt doo-kü-männt*, das Dokument)

Ein **oo** ist immer ein langer Vokal wie zum Beispiel in diesen Wörtern:

✔ **mooi** (*mooij*, schön)

✔ **de persoon** (*dè pèr-ßoon*, die Person)

Der Vokal u

Wenn dem **u** ein oder mehrere Konsonanten am Ende einer Silbe oder eines Wortes folgen, wird es kurz ausgesprochen. Denken Sie auch daran, dass ein **u** im Niederländischen wie ein **ü** im Deutschen ausgesprochen wird:

✔ **de hulp** (*dè höllp*, die Hilfe)

✔ **de club** (*dè klöpp*, der Club)

Wenn sich das **u** in einer Silbe befindet, die auf diesen Vokal endet, klingt das **u** lang gezogen:

✔ **u** (*ü*, Sie)

✔ **juni** (*jü-nie*, Juni)

Ein **uu** steht immer für ein langes **u**:

✔ **het uur** (*hätt üür*, die Stunde)

✔ **het kostuum** (*hätt koss-tüm*, das Kostüm)

Der Vokal oe

Der Vokal **oe** klingt wie im Deutschen der Vokal u:

✔ **hoe** (*hu*, wie)

✔ **het boek** (*hätt buk*, das Buch)

Der Vokal eu

Der Vokal **eu** ist ein weiterer niederländischer Laut, der in seiner Schreibweise zwar auch im Deutschen vorkommt, in der Aussprache jedoch stark abweicht. Der Klang wird lang gezogen und ist dem ö im deutschen Wort Klöße sehr ähnlich:

✔ **de keuken** (*dè köh-kèn*, die Küche)

✔ **de neus** (*dè nöhß*, die Nase)

Aussprache der niederländischen Diphthonge

Diphthonge sind Doppellaute, also Kombinationen aus zwei Vokalen in einer Silbe. Im Niederländischen gibt es eine ganze Reihe davon. Je nachdem, aus welcher Ausgangssprache der Sprecher kommt, wird es für ihn vertraut klingende oder eher ungewöhnlich klingende Doppellaute geben, deren Aussprache einige Übung erfordert. Achten Sie auf die Aussprache der Niederländer und versuchen Sie, diese nachzuahmen.

Die Diphthonge ei und ij

Der Diphthong **ei** ist ein Laut, der weder im Deutschen noch in irgendeiner anderen großen europäischen Sprache vorkommt. Im Gegensatz zum Deutschen beginnt dieser Laut nicht mit einem **a** (wie in *Apfel*), sondern eher mit einem ä (wie in *Äste*), beispielsweise:

✔ **het ei** (*hätt äij*, das Ei)

✔ **klein** (*kläijn*, klein)

Der gleiche Klang wird mit der Buchstabenkombination **ij** schriftlich wiedergegeben, sofern sie in einer betonten Silbe vorkommt. Klanglich sind **ei** und **ij** dann nicht zu unterscheiden.

✔ **mijn** (*mäijn*, mein)

✔ **het ijs** (*hätt äijß*, Eis)

Wenn das **ij** in einer unbetonten Silbe vorkommt – meist handelt es sich um die Endung *-lijk* –, wird es wie ein flüchtiges e ausgesprochen, vergleichbar mit dem vorher erwähnten e im deutschen Wort *Bäcker*.

✔ **heerlijk** (*heer-lèk*, herrlich)

✔ **makkelijk** (*mack-kè-lèk*, einfach)

Die Diphthonge ou und au

Die Buchstabenkombinationen **ou** und **au** geben in unterschiedlicher Schreibweise den gleichen Laut wieder und sind für Deutsche einfach auszusprechen, da sie ebenso wie das deutsche *au* im Wort *Frau* ausgesprochen werden.

✔ **blauw** (*blau*, blau)

✔ **oud** (*aut*, alt)

✔ **trouwen** (*trau-wèn*, heiraten)

Der Diphthong ui

Ein anderer Diphthong, der für Deutsche etwas schwieriger auszusprechen ist, da er in der deutschen Sprache nicht existiert, ist **ui**. Er ähnelt dem Klang im Wort **Feui**lleton. Der Mund ist zu Beginn des Lautes halb geöffnet und macht dann eine schließende Bewegung. Die Lippen bewegen sich dabei mit einer leichten Spannung aufeinander zu, sodass der Laut sich bei der Aussprache von der Mitte der Mundhöhle nach vorn verschiebt.

✔ **buiten** (*bèüj-tèn*, draußen)

✔ **vuil** (*vèüjl*, schmutzig)

✔ **juist** (*jèüjßt*, richtig)

Wenn Sie es schließlich geschafft haben, diesen Laut auszusprechen, können Sie sich damit belohnen, einen Hamburger met **ui** (*èüj*, Zwiebel) oder eine **uiensoep** (*èüj-jè-ßupp*, Zwiebelsuppe) im Restaurant zu bestellen.

Aussprache der Konsonanten

Die Konsonanten werden bis auf wenige Ausnahmen, wie zum Beispiel das **g** oder Kombinationen wie das **sch,** nahezu gleich ausgesprochen. Mit ein paar Hilfestellungen und phonetischen Vergleichen werden Sie diese Unterschiede jedoch bald meistern.

Buchstabe	Deutsche Entsprechung	Umschrift	Beispiel	Aussprache
a	wie ein a in Fach	a	Dag	dach
aa	aa wie in Haar	aa	Gaan	chaan
e	e wie in bitte	è	De	dè
E	e wie in Bett	ä	Bed	bätt
ee	wie in See	ee	Bleek	bleek
I	wie das e in bitte	è	prettig	<u>prätt</u>-tèg
i	i wie in in	i	In	in
ie	ie wie in nicht	ie	Drie	drie
O	o wie in Post	o	Pot	pott
oo	oo wie in Moos	oo	Ook	ook
u u, uu	ü wie in Tüll oder ö wie in können ü wie in für	ö ü/üü	vlug nu, muur	vlöch nü, müür
eu	ö wie in pompös	öh	keuken	<u>köh</u>-ken
oe	u wie in Kuh	u/uu	hoe, broer	hu, bruur
ei/ij	äi-Klang mit -j am Ende	äij	klein wij	kläijn wäij
ou/au	au wie in Frau	au	koud, blauw	kaut, blau
ui	keine deutsche Entsprechung, vgl. Feuilleton	èüj	buiten	<u>bèüj</u>-tèn

Tabelle 1.1: Aussprache einiger Vokale und Diphthonge

Es gibt im niederländischen Sprachgebiet große Unterschiede bei der Aussprache des Buchstabens **r**. Oft wird ein sogenanntes rollendes r verwendet (wie im Italienischen). Andere wiederum sprechen ein im Rachen geformtes r, wie es auch im Französischen vorkommt. Vor Vokalen wird manchmal auch amerikanisch anmutendes r gesprochen.

Buchstabe	Deutsche Entsprechung	Umschrift	Beispiel	Aussprache
v	zwischen f und w, stimmhaft ausgesprochen wie im deutschen Vater	v	vader	vaa-dèr
Y	kommt nur in Fremdwörtern vor, an Position eines Vokals wie ein i aussprechen, an der Position eines Konsonanten wie ein j	i ie j	gymnastiek psychologie yoghurt	chimnass-tiek pßie-chooloo-chie joch-chörrt
z	ist stimmhaft wie im deutschen Nase	s	Zand	sant

Tabelle 1.2: Aussprache der niederländischen Konsonanten

Die Aussprache des niederländischen »g«

Nun komme ich zu dem für deutsche Muttersprachler ungewöhnlichsten niederländischen Klang: der Buchstabe **g**. Der Laut wird im Rachen am Zäpfchen gebildet und ähnelt noch am meisten dem ch in deutschen Wörtern wie lachen oder Nacht.

✔ **gaan** (*chaan*, gehen)

✔ **geen** (*cheen*, kein)

✔ **graag** (*chraach*, gern)

Haben Sie keine Angst, dass Sie durch die Aussprache des niederländischen **g** Ihre Stimme verlieren oder Halsschmerzen bekommen. Versuchen Sie, den Laut so hart und rau wie möglich zu artikulieren, Ihre niederländischen Gesprächspartner werden es zu schätzen wissen und ihrerseits ein **goed gedaan!** (*chutt chè-daan*, Gut gemacht!) aus ihrem Rachen aufsteigen lassen. Nur in den südlichen Provinzen der Niederlande und in Flandern wird das **g** weich ausgesprochen, wie das **ch** im deutschen Wort ich. **G** ist ein häufig vorkommender Buchstabe im Niederländischen und um die Verwirrung komplett zu machen, hat die Kombination **ch** fast den gleichen Klang:

✔ **slecht** (*ßlächt*, schlecht)

✔ **wachten** (*wach-tèn*, warten)

Aussprache und Betonung

Im Niederländischen ist die richtige Betonung an der richtigen Stelle eine ernst zu nehmende Angelegenheit. Glücklicherweise sind die Regeln dafür nicht allzu schwierig.

Generell lässt sich sagen, dass die Betonung meistens auf der ersten Silbe eines Wortes liegt. Einige Wörter folgen dieser Regel jedoch nicht, wie viele Fremdwörter oder Lehnwörter (meistens aus dem Englischen oder Französischen), bei denen die Betonung auf eine andere Silbe fällt.

Versuchen Sie die Aussprache folgender Wörter und konzentrieren Sie sich dabei auf die richtige Betonung. Die unterstrichenen Silben sollten Sie mit mehr Nachdruck artikulieren als die übrigen.

✔ **de vader** (*dè vaa-dèr*, der Vater)

✔ **bouwen** (*bau-wèn*, bauen)

✔ **heerlijk** (*heer-lèk*, herrlich)

Schauen Sie sich nun aus dem Französischen entlehnte Wörter an, die von der oben beschriebenen Betonung abweichen:

✔ **de activiteit** (*dè ack-tie-vie-täijt,* die Aktivität)

✔ **de persoon** (*dè pèr-ßoon,* die Person)

Eine andere Ausnahme zur »Erste-Silbe-Regel« bilden die immer unbetonten Vorsilben: **be-**, **ge**-, **her-**, **er-**, **ont-** und **ver-**. Wörter, die mit diesen Präfixen beginnen, werden auf der zweiten Silbe betont:

✔ **bestellen** (*bè-ställ-lèn,* bestellen)

✔ **gelukkig** (*chè-löck-kèch,* glücklich)

✔ **herinneren** (*härr-inn-nèr-rèn,* erinnern)

✔ **ervaren** (*ärr-vaa-rèn,* erfahren/empfinden)

Grammatik kurz gefasst 2

> **In diesem Kapitel**
> ✔ Die Verwendung von **de** oder **het**
> ✔ Die Bestandteile eines Satzes
> ✔ Verben im Präsens
> ✔ Einfache Sätze bilden
> ✔ Zum Gebrauch der Zeitformen

Viele Erwachsene erlernen eine Fremdsprache schneller, wenn sie die Struktur der Sprache kennen.

Falls Sie bereits andere Fremdsprachen beherrschen, wird Ihnen das beim Erlernen einer neuen Sprache immer wieder zugutekommen. Ob Sie sich gleich mit einigen Grundbegriffen der niederländischen Grammatik beschäftigen möchten oder lieber erst später, bleibt Ihnen überlassen. Dieses Kapitel verschafft Ihnen einen Überblick

Die Bestandteile eines Satzes

Um einen einfachen Satz zu bilden, benötigen Sie verschiedene Bausteine. Substantive (und Artikel), Adjektive, Präpositionen und Verben sind die wichtigsten Bestandteile eines Satzes.

Die bestimmten Artikel »de« und »het«

Im Englischen gibt es nur einen bestimmten Artikel. Im Deutschen jedoch drei: der, die und das. Die niederländische Sprache kann man sozusagen als die goldene Mitte bezeichnen, da sie zwei bestimmte Artikel verwendet, **de** und **het**:

- ✔ **de fiets** das Fahrrad

- ✔ **de man** der Mann

- ✔ **de vrouw** die Frau

- ✔ **het huis** das Haus

- ✔ **het meisje** das Mädchen

Die richtige Verwendung von **de** und **het** bereitet vielen, die Niederländisch lernen, Kopfzerbrechen. Lassen Sie sich Zeit. Als deutscher Muttersprachler haben Sie außerdem schon einen großen Vorsprung gegenüber anderen Lernenden, zum Beispiel Engländern: Die Einteilung der niederländischen Nomen in männlich, weiblich und sächlich stimmt größtenteils mit der Einteilung im Deutschen überein. Ein kleiner Tipp: Lernen Sie bei neuen Wörtern den jeweiligen Artikel gleich mit.

Es gibt allerdings Ausnahmen, wie beispielsweise **de fiets** (das Fahrrad), **de auto** (das Auto) und **de boot** (das Boot). Es empfiehlt sich, bei jedem neuen Substantiv, das Sie lernen, den Artikel gleich mitzulernen. Das ist ein guter Anfang und den Rest lernen Sie durch Zuhören und Lesen.

Im Singular (Einzahl) lautet der bestimmte Artikel für die maskulinen und femininen Substantive **de**. Im Plural (Mehrzahl) erhalten alle Substantive den Artikel **de**:

- ✔ **de man** (*dè mann*, der Mann)

  de mannen (*dè mann-nèn*, die Männer)

✔ **de vrouw** (*dè vrau*, die Frau)

de vrouwen (*dè <u>vrau</u>-wèn*, die Frauen)

✔ **de fiets** (*dè fietß*, das Fahrrad)

de fietsen (*dè <u>fie</u>-zen*, die Fahrräder)

✔ **de trein** (*dè träijn*, der Zug)

de treinen (*dè <u>träij</u>-nèn*, die Züge)

Der bestimmte Artikel für die sächlichen Substantive lautet im Singular **het**. Im Plural erhalten auch diese Substantive den Artikel **de**.

Die Verkleinerungsformen sind im Niederländischen, genau wie im Deutschen, immer die **het**-Wörter. Im Niederländischen sind das die Endungen **-tje** oder **-je**, im Deutschen *-chen* oder *-lein*. Vergleichen Sie **het tafeltje** (das Tisch*lein*) und **het pakje** (das Päck*chen*). Bestimmt wird Ihnen bald auffallen, dass die Niederländer die Verkleinerungsform nicht nur gern, sondern auch häufig verwenden, und dass man dies nicht immer wörtlich ins Deutsche übersetzen sollte. Für die durchaus gängige Bezeichnung **autootje** empfiehlt sich eher die Umschreibung »kleines Auto« und für das legendäre **kopje koffie** einfach die Übersetzung »Tasse Kaffee«.

✔ **het meisje** (*hätt mäij-schè*, das Mädchen)

de meisjes (*dè.<u>mäij</u>-scheß*, die Mädchen)

✔ **het doekje** (*hätt duk-kjè*, das Tüchlein)

de doekjes (*dè <u>duk</u>-kjèß*, die Tüchlein)

Der unbestimmte Artikel »een«

Der Gebrauch des unbestimmten Artikels **een** sollte Ihnen keine Schwierigkeiten bereiten, da er – anders als in der deutschen Sprache – für alle Geschlechter gleich ist. Einen unbestimmten Artikel im Plural kennt das Niederländische ebenso wenig wie das Deutsche.

- ✔ **een man** (*èn mann*, ein Mann)

- ✔ **een vrouw** (*èn vrau*, eine Frau)

- ✔ **een fiets** (*èn fietß*, ein Fahrrad)

- ✔ **een traan** (*èn traan*, eine Träne)

- ✔ **een jongetje** (*èn jong-ngè-tjè*, ein kleiner Junge)

- ✔ **een meisje** (*èn mäij-schè*, ein Mädchen)

Und noch etwas sollten Sie wissen: Der unbestimmte Artikel **een** wird nicht nur unabhängig vom Geschlecht für alle Substantive verwendet, er ist innerhalb des Satzes, zum Beispiel nach Präpositionen, auch unveränderlich. Vergleichen Sie: **Ze leest een boek.** (Sie liest ein Buch.) **Ze leest een zin uit een boek.** (Sie liest einen Satz aus einem Buch.)

 Beachten Sie den Unterschied bei der Aussprache des unbestimmten Artikels **een** (*èn*, ein, einer, eine) und dem Numerale (Zahlwort) **één** (*een*, eins).

Das Adjektiv vor de- und het-Wörtern

Wörter wie **mooi** (schön), **groot** (groß) und **klein** (klein) sind Adjektive. Sie geben Ihnen zusätzliche Informationen über den Charakter oder das Aussehen eines Objekts, einer Idee oder einer Person. Deshalb tritt das Adjektiv, wie im Deutschen, meistens zusammen mit einem Substantiv auf. Es wird im Niederländischen ausschließlich mit **-e** dekliniert (gebeugt) oder es bleibt unverändert. Das hängt davon ab, ob das dazugehörige Substantiv ein **de**- oder ein **het**-Wort ist und ob es mit einem bestimmten oder mit einem unbestimmten Artikel verbunden ist. Wenn einem **het**-Wort der unbestimmte Artikel **een** oder gar kein Artikel vorangestellt ist, wird das Adjektiv nicht dekliniert. In allen anderen Fällen wird es mit **-e** dekliniert.

Hier einige Beispiele für Substantive mit bestimmtem Artikel:

✔ **de mooie man** (*dè mooij-jè mann*, der schöne Mann)

✔ **de mooie mannen** (*dè mooij-jè mann-nen*, die schönen Männer)

✔ **de mooie vrouw** (*dè mooij-jè vrau*, die schöne Frau)

✔ **de mooie vrouwen** (*dè mooij-jè vrau-wèn*, die schönen Frauen)

✔ **het mooie jongetje** (*hätt mooij-jè jong-ngè-tjè*, der schöne Junge)

✔ **de mooie jongetjes** (*dè mooij-jè jong-ngè-tjèß*, die schönen Jungen)

Und zwei Beispiele für **de**-Wörter mit unbestimmtem Artikel **een**:

✔ **een mooie man** (*èn mooij-jè mann*, ein schöner Mann)

✔ **een mooie vrouw** (*èn mooij-jè vrau*, eine schöne Frau)

Aber beachten Sie das wegfallende **-e** beim unbestimmten **het**-Wort:

✔ **een mooi jongetje** (*èn mooij jong-ngè-tjè*, ein schöner Junge)

Welche Präposition verwendet man wofür?

Präpositionen (oder Verhältniswörter) sind kleine Wörter, die darüber Auskunft geben, ob etwas **in het bed** (*in hätt bätt*, im Bett), **op het bed** (*op hätt bätt*, auf dem Bett), **onder het bed** (*on -der hätt bätt*, unter dem Bett) oder **bij het bed** (*bäij hätt bätt*, am Bett) ist. Am häufigsten werden Präpositionen verwendet, die etwas über den Ort und die Zeit aussagen.

Viele niederländische Präpositionen ähneln den deutschen und werden auf die gleiche Weise eingesetzt. Etwas komplizierter wird es, wenn niederländische Verben feste Präpositionen haben und diese von ihren deutschen Entsprechungen abweichen. Mit der Zeit werden Sie sich diese besonderen Fälle, die sogenannten festen Verbindungen, aber merken. Zunächst ist es wichtig, die Bedeutung der am häufigsten auftretenden Präpositionen zu lernen.

Präpositionen, die den Ort andeuten

Einige Beispiele für Präpositionen, die den Ort andeuten, sind:

✔ **binnen** (*binn-nèn*, in/innen)

Hij zit binnen. (*häij sitt binn-nèn*, Er sitzt drinnen.)

✔ **buiten** (*bèüj-tèn*, draußen/außerhalb)

Buiten het centrum zijn geen winkels. (*bèüj-tèn èt ßänn-trömm säijn cheen wing-kèls*, Außerhalb des Zentrums gibt es keine Geschäfte.)

✔ **op** (*opp*, auf)

De vaas staat op de kast. (*dè vaaß ßtaat opp dè kasst*, Die Vase steht auf dem Schrank.)

✔ **over** (*oo-vèr*, über)

Hij klimt over de muur. (*häij klimmt oo-vèr dè müür*, Er klettert über die Mauer.)

✔ **tegen** (*tee-chèn*, gegen)

Hij loopt tegen de muur. (*häij loopt tee-chèn dè müür*, Er läuft gegen die Wand.)

✔ **tussen** (*töss-ßèn*, zwischen)

Den Haag ligt tussen Amsterdam en Rotterdam. (*dänn-haach licht töss-ßèn amm-ßter-damm änn rott-tèr-damm*, Den Haag liegt zwischen Amsterdam und Rotterdam.)

Präpositionen der Zeit

Mit folgenden Präpositionen werden Zeitangaben ausgedrückt. Einige geben auch, abhängig vom Zusammenhang, eine Ortsbestimmung an:

✔ **aan** (*aan*, an)

Aan het eind van het jaar is het erg druk (*aan èt äijnt vann èt jaar iss èt ärrch dröck*, Am Jahresende gibt es viel zu tun.)

✔ **in** (*in*, in)

Ik ben geboren in 1980. (*ick bänn chè-boo-rèn inn nee-chèn-tien-tach-tèch*, Ich bin 1980 geboren.)

✔ **na** (*naa*, nach)

Ik zal dat doen na het weekend. (*ick sall datt dun naa èt wie-kännt*, Ich werde das nach dem Wochenende machen.)

✔ **sinds** (*ßintß*, seit)

Sinds september ben ik in Nederland. (*ßintß ßäpp-tämm-bèr bänn ick inn <u>nee</u>-dèr-lannt*, Seit September bin ich in den Niederlanden.)

✔ **tot** (*tott*, bis)

Ik kan tot 10 uur blijven. (*ick kann tott tien üür <u>bläij</u>-vèn*, Ich kann bis 10 Uhr bleiben.)

Kleiner Wortschatz

Niederländisch	Aussprache	Deutsch
wandelen	*<u>wann</u>-dè-lèn*	spazieren gehen
iemand een lift geven	*ie-mannt èn lifft chè-fen*	jemanden mitnehmen (mit dem Auto)
de muur	*dè müür*	die Mauer/die Wand
het eind	*hätt äijnt*	das Ende
het weekend	*hätt <u>wie</u>-kännt*	das Wochenende

Die Zeiten: Vergangenheit, Gegenwart und Zukunft

In den folgenden Absätzen geht es um die Zeitformen. Ein wenig Theorie, ein paar Begriffe und einfache Übungen sollen Ihnen helfen, einen Überblick darüber zu bekommen, wie man sie bildet und wie man sie einsetzt. Wie im Deutschen endet im Niederländischen die Infinitivform (Grundform) eines Verbs auf **-en**: **werken**, **horen**, **spelen**; in wenigen Ausnahmefällen nur auf **-n**: **gaan, zien**.

Wenn der Infinitiv eines Verbs auf **-en** endet, ist es ganz einfach, die Ich-Form zu finden; Sie müssen nur das **-en** weglassen und schon haben Sie den Stamm: **werk** (wie in **ik werk**). Für die zweite und dritte Person Präsens, also **jij**, **hij**, **zij**, **het** und **u** (die Höflichkeitsform), fügen Sie dem Stamm einfach ein **-t** hinzu. Für die Pluralformen **wij**, **jullie** und **zij** wird wieder der Infinitiv verwendet.

Konjugation	Aussprache	Deutsch
ik werk	*ick wärrk*	ich arbeite
jij werk-t	*jäij wärrkt*	du arbeitest
hij/zij/het werk-t	*häij/säij/hätt wärrkt*	er/sie/es arbeitet
u werk-t	*ü wärrkt*	Sie arbeiten
wij werk-en	*wäij <u>wärr</u>-kèn*	wir arbeiten
jullie werk-en	*<u>jöll</u>-lie <u>wärr</u>-kèn*	ihr arbeitet
zij werk-en	*säij <u>wärr</u>-kèn*	sie arbeiten

Bei einigen Verben müssen Sie die Schreibweise bei der Konjugation des Verbs anpassen und einen langen Vokal im Infinitiv beim Schreiben des Wortstamms verdoppeln. Keine Angst, beim Sprechen wird Ihnen das keine Probleme bereiten. Ein Beispiel für so ein Verb ist **slapen**:

Konjugation	Aussprache	Deutsch
ik slaap	*ick ßlaap*	ich schlafe
jij slaap-t	*jäij ßlaapt*	du schläfst
hij/zij/het slaap-t	*häij/säij/hätt ßlaapt*	er/sie/es schläft
u slaap-t	*ü ßlaapt*	Sie schlafen
wij slap-en	*wäij <u>ßlaa</u>-pèn*	wir schlafen
jullie slap-en	*<u>jöll</u>-lie <u>ßlaa</u>-pèn*	ihr schlaft
zij slap-en	*säij <u>ßlaa</u>-pèn*	sie schlafen

Warum muss der Vokal **a** in den ersten drei Formen verdoppelt werden? Das hat etwas mit dem Klangwert des Wortes zu tun, und der sollte in allen Konjugationsformen des Verbs erhalten bleiben. Wenn Sie **ik slap, jij slapt, hij slapt** schreiben würden, müssten Sie entsprechend den Ausspracheregeln ein kurzes **a** sprechen; ein Niederländer würde dann allerdings nicht verstehen, was gemeint ist.

Unregelmäßige Verben haben – wie der Name schon sagt – Unregelmäßigkeiten, entweder im Präsens oder in den anderen Zeitformen. Die am häufigsten verwendeten unregelmäßigen Verben sind: **willen** (_will-lèn_, wollen), **kunnen** (_könn-nèn_, können), **zullen** (_söll-lèn_, sollen/werden), **mogen** (_moo-chèn_, dürfen), **hebben** (_häbb-bèn_, haben) und **zijn** (_säijn_, sein). Mehr zu diesen Verben finden Sie in Kapitel 4, 5 und 8.

Präsens

Wenn Sie die Präsensformen kennen, können Sie schon eine ganze Menge sagen. Das Präsens wird als Zeitform benutzt, um etwas zu beschreiben, was gerade geschieht, wie Sie im Beispielsatz sehen:

✔ **Ik kijk televisie** (_ick käijk tee-lè-vie-sie_, Ich sehe fern.)

Sie können das Präsens auch verwenden, um etwas zu beschreiben, was manchmal, regelmäßig oder immer geschieht, wie die folgenden Beispiele zeigen:

✔ **'s Avonds kijk ik televisie.** (_ßaa-vonntß käijk ick tee-lè-vie-sie_, Abends sehe ich fern.)

✔ **Na het werk ga ik naar de supermarkt.** (_naa èt wärrk chaa ick naar dè sü-pèr-marrkt_, Nach der Arbeit gehe ich in den Supermarkt.)

Ähnlich wie im Deutschen wird das Präsens sehr oft auch benutzt, um Zukünftiges auszudrücken. Sie könnten zum Beispiel folgendes Gespräch zwischen Kollegen hören:

✔ **Morgen werk ik thuis.** (_morr_-chèn wärrk ick tèüjß, Morgen arbeite ich zu Hause.)

✔ **Ik bel je morgen.** (ick bäll jè _morr_-chèn, Ich rufe dich morgen an.)

Perfekt

Im Niederländischen gibt es ebenso wie im Deutschen mehrere Möglichkeiten, eine Handlung in der Vergangenheit zu beschreiben. Es gibt das Perfekt (ich habe gearbeitet) oder das Imperfekt (ich arbeitete). Und ebenso wie die Deutschen neigen die Niederländer dazu, in der Umgangssprache das Perfekt häufiger zu benutzen als das Imperfekt.

Das Perfekt (vollendete Gegenwart) wird mit dem Präsens der beiden Hilfsverben **hebben** (haben) oder **zijn** (sein) plus Partizip gebildet. Das Partizip der regelmäßigen Verben bilden Sie mit der Vorsilbe **ge**- plus dem Stamm des Verbs und der Endung **-t** oder **-d**. Schauen Sie sich dazu einmal folgende Beispiele an:

✔ **Ik heb gestudeerd.** (_ick häpp chè-stü-deert_, Ich habe studiert.)

✔ **Ik heb naar muziek geluisterd.** (_ick häpp naar mü-siek chè-lèüj-stèrt_, Ich habe mir Musik angehört.)

✔ **Heb je hem gezien?** (_häpp jè hämm chè-sien_, Hast du ihn gesehen?)

Zijn verwendet man bei Verben der Fortbewegung, wenn sie im Zusammenhang mit einem Ziel oder einer Richtung benutzt werden, wie zum Beispiel **vliegen** (fliegen), **aankomen** (ankommen) oder **gaan** (gehen):

✔ **Wij zijn naar Brussel gevlogen.** (*wäij säijn naar bröss-sèl chè-<u>vloo</u>-chèn*, Wir sind nach Brüssel geflogen.)

✔ **Tom is nog niet aangekomen.** (*tomm iss noch niet <u>aan</u>-chè-koo-mèn*, Tom ist noch nicht angekommen.)

✔ **Wij zijn naar Amsterdam gefietst.** (*wäij säijn naar amm-ßter-<u>damm</u> chè-<u>fietßt</u>*, Wir sind mit dem Fahrrad nach Amsterdam gefahren.)

 Beachten Sie jedoch den Unterschied: **Wij hebben vandaag veel gefietst.** (*wäij <u>häbb</u>-bèn vann-daach veel chè-fietßt*, Wir sind heute viel mit dem Fahrrad herumgefahren.)

In diesem Satz geht es *nicht* darum, von A nach B zu fahren, also ein bestimmtes Ziel zu erreichen, sondern um die Handlung des Fahrradfahrens und deshalb müssen Sie das Hilfsverb **hebben** verwenden.

Zijn verwendet man außerdem immer bei folgenden Verben:

✔ **zijn** (sein), **worden** (werden), **gebeuren** (passieren), **blijven** (bleiben) und **beginnen** (anfangen)

Hebben verwendet man bei fast allen anderen Verben.

Nachdem Sie erfahren haben, wann Sie das Hilfsverb **hebben** und wann Sie **zijn** wählen sollten, müssen Sie nun nur noch wissen, wann Sie dem Partizip die Endung **-d** oder die Endung **-t** hinzufügen sollen.

 Niederländische Verben werden in drei Gruppen unterteilt:

- ✔ regelmäßige (schwache) Verben,
- ✔ starke Verben und
- ✔ unregelmäßige Verben.

Zu den unregelmäßigen Verben gehören natürlich ausgerechnet die Verben, die am häufigsten benutzt werden, beispielsweise **hebben** (haben) und **zijn** (sein).

Das Partizip der regelmäßigen Verben

Wie weiter vorn in diesem Kapitel beschrieben, wird das Partizip der regelmäßigen Verben nach einem Schema gebildet, bei dem der Wortstamm zwischen der Vorsilbe **-ge** und der Endung **-d** oder der Endung **-t** steht. Der Stamm eines Verbs ist immer auch die Ich-Form.

Schema Partizip: **ge-** + Stamm + **-d/-t**

Verb: **bellen** (anrufen)

- ✔ Partizip: **ge-bel-d**
- ✔ Perfektform: **ik heb gebeld**

Verb: **werken** (arbeiten)

- ✔ Partizip: **ge-werk-t**
- ✔ Perfektform: **ik heb gewerkt**

Wie in der deutschen Sprache gibt es viele unregelmäßige Partizipien und es gibt keine andere Möglichkeit, als diese

Verbformen auswendig zu lernen. Glücklicherweise fangen sie fast alle mit **ge-** an und haben die Endung **-en**. Im Wortstamm kommt es jedoch häufig zu einem Vokalwechsel; man nennt das Ablaut. Wenn Sie diese unregelmäßigen Verben ein paar mal gehört und geschrieben haben, werden Sie sich das merken. Sehen Sie sich die folgenden Verben und deren Partizipform an:

Verb: **vliegen** (fliegen)

✔ Partizip: **gevlogen**

✔ Perfektform: **ik heb gevlogen**

Verb: **nemen** (nehmen)

✔ Partizip: **genomen**

✔ Perfektform: **ik heb genomen**

Imperfekt

Das Perfekt wird auch im Niederländischen häufiger verwendet als das Imperfekt, dennoch benötigen Sie manchmal das Imperfekt.

Im Niederländischen gibt es drei Fälle, in denen man das Imperfekt einsetzt:

✔ Bei der Beschreibung eines Zustands oder einer Situation:

Het regende in Brussel. (*èt <u>ree</u>-chèn-dè inn <u>bröss</u>-ßèl,* Es regnete in Brüssel.)

✔ Beim Erzählen einer Geschichte:

De vliegtuigen hadden vroeger altijd vertraging. (*dè vliech-tèüj-chèn hadd-dèn vru-chèr all-täijt vèr-traa-ching*, Die Flugzeuge hatten früher immer Verspätung.)

✔ Bei der Beschreibung aufeinanderfolgender Ereignisse:

Ik nam het vliegtuig in Amsterdam. Wij landden om 9.00 uur in Brussel. Ik nam een taxi en om 10.30 uur begon de vergadering. (*ick namm èt vliech-tèüjch inn amm-ßtèr-damm. wäij lann-dèn omm nee-chèn üür in bröss-ßèl. ick namm èn tack-kßie änn om hallf ällf bè-chonn dè vèr-chaa-dè-ring,* Ich nahm in Amsterdam das Flugzeug. Wir landeten um 9 Uhr in Brüssel. Ich nahm ein Taxi und um 10.30 Uhr fing die Sitzung an.)

Futur

Da es keine eigene Verbform für das Futur gibt, verwenden die Niederländer im Allgemeinen das Präsens, um über etwas, das in der Zukunft geschieht, zu sprechen. Vielleicht haben Sie gehört, wie Ihre Kollegen sagen:

✔ **Morgen werk ik thuis.** (*morr-chèn wärrk ick tèüjß,* Morgen arbeite ich zu Hause.)

✔ **Ik bel je morgen.** (*ick bäll jè morr-chèn,* Ich rufe dich morgen an.)

Wenn Niederländer etwas versprechen oder zusagen, verwenden sie das Hilfsverb **zullen** (*söll-lèn,* werden/sollen). Mehr zu zullen können Sie in Kapitel 8 nachlesen. Sie könnten sie sagen hören:

✔ **Ik zal vanavond koken.** (*ick sall vann-aa-vonnt koo-kèn*, Ich werde heute Abend kochen.)

✔ **Ik zal de boodschappen doen.** (*ick sall dè boot-ßchapp-pèn-dun*, Ich werde einkaufen gehen.)

✔ **We zullen eens kijken.** (*wè söll-lèn ènß käij-kèn*, Wir werden mal schauen.)

Wenn Niederländer etwas ankündigen, das so gut wie sicher ist, verwenden sie das Verb **gaan** (*chaan*, gehen), mit dem sich auch Handlungen in der Zukunft ausdrücken lassen. Sie können sich auf sie verlassen, wenn sie sagen:

✔ **Ik ga vanavond koken.** (*ick chaa vann-aa-vonnt koo-kèn*, Ich koche heute Abend.)

✔ **Ik ga boodschappen doen.** (*ick chaa boot-ßchap-pèn-dun*, Ich gehe einkaufen.)

✔ **Wij gaan morgen tennissen.** (*wäij chaan morr-chèn tänn-niss-ßèn*, Wir gehen morgen Tennis spielen.)

Konjugation	Aussprache
gaan	*chaan*
ik ga	*ick chaa*
jij gaat	*jäij chaat*
hij/zij/het gaat	*häij/säij/hätt chaat*
u gaat	*ü chaat*
wij gaan	*wäij chaan*
jullie gaan	*jöll-lie chaan*
zij gaan	*säij chaan*

Kleiner Wortschatz

Niederländisch	Aussprache	Deutsch
thuis	*tèüjß*	zu Hause
fietsen	*fie-zèn*	Fahrrad fahren
ik bel je	*pärr-ßoo-neelß-saa-kèn*	ich rufe dich an
boodschappen doen	*boot-ßchapp-pèn-dun*	einkaufen gehen
de vertraging	*dè vèr-traa-ching*	die Verspätung

Zahlensalat: Zählen auf Niederländisch

Zeitangaben, Geldbeträge, Altersangaben, geschäftliche Dinge – überall braucht man Zahlen. In diesem Kapitel finden Sie die Vokabeln und Ausdrücke, um sich mit den Zahlen zurechtzufinden. Außerdem erfahren Sie alles über Uhrzeitangaben, die Wochentage und Monatsnamen.

1, 2, 3 – die Grundzahlen

Als deutscher Muttersprachler werden Ihnen die Zahlen auf Niederländisch kaum Probleme bereiten, vieles wird Ihnen bekannt vorkommen, sei es durch Ähnlichkeiten mit dem Deutschen oder auch mit dem Englischen. Während die Aussprache mehr Gemeinsamkeiten mit dem Englischen aufweist, ist der Aufbau der Zahlen (vor allem auch nach 20) analog zur deutschen Sprache. Hier die Zahlen bis 20, vergleichen Sie:

✔ **0 nul** (*nöll*)

✔ **1 een** (*een*)

✔ **2 twee** (*twee*)

✔ **3 drie** (*drie*)

- ✔ **4 vier** *(vier)*
- ✔ **5 vijf** *(väijf)*
- ✔ **6 zes** *(säss)*
- ✔ **7 zeven** *(see-vèn)*
- ✔ **8 acht** *(acht)*
- ✔ **9 negen** *(nee-chèn)*
- ✔ **10 tien** *(tien)*
- ✔ **11 elf** *(ällf)*
- ✔ **12 twaalf** *(twaalf)*
- ✔ **13 dertien** *(därr-tien)*
- ✔ **14 veertien** *(veer-tien)*
- ✔ **15 vijftien** *(väijf-tien)*
- ✔ **16 zestien** *(säss-tien)*
- ✔ **17 zeventien** *(see-vèn-tien)*
- ✔ **18 achttien** *(ach-tien)*
- ✔ **19 negentien** *(nee-chèn-tien)*
- ✔ **20 twintig** *(twinn-tèch)*

Auch nach 20 wird nach dem gleichen System wie im Deutschen weitergezählt:

- ✔ **21 eenentwintig** *(een-èn-twinn-tèch)*
- ✔ **22 tweeëntwintig** *(twee-jèn-twinn-tèch)*
- ✔ **23 drieëntwintig** *(drie-jèn-twinn-tèch)*
- ✔ **24 vierentwintig** *(vier-èn-twinn-tèch)*

✔ **25 vijfentwintig** (_väijf-èn-twinn-tèch_)

✔ **26 zesentwintig** (_säss-èn-twinn-tèch_)

✔ **27 zevenentwintig** (_see-vèn-èn-twinn-tèch_)

✔ **28 achtentwintig** (_ach-tèn-twinn-tèch_)

✔ **29 negenentwintig** (_nee-chèn-èn-twinn-tèch_)

✔ **30 dertig** (_därr-tèch_)

✔ **31 eenendertig** (_een-èn-därr-tèch_)

In Zehnerschritten geht es weiter, auch hier gibt es nichts Ungewöhnliches, bis Sie zu 80 kommen. Beachten Sie das **t** vor **achtig**, hier weicht das Niederländische vom Deutschen ab.

✔ **40 veertig** (_veer-tèch_)

✔ **44 vierenveertig** (_vier-èn-veer-tèch_)

✔ **50 vijftig** (_väijf-tèch_)

✔ **55 vijfenvijftig** (_väijf-èn-väijf-tèch_)

✔ **60 zestig** (_säss-tèch_)

✔ **66 zesenzestig** (_säss-èn-säss-tèch_)

✔ **77 zevenenzeventig** (_see-vèn-èn-see-vèn-tèch_)

✔ **80 tachtig** (_tach-tèch_)

✔ **88 achtentachtig** (_ach-tèn-tach-tèch_)

✔ **90 negentig** (_nee-chèn-tèch_)

✔ **99 negenennegentig** (_nee-chèn-èn-nee-chèn-tèch_)

Und auch die Hunderterschritte werden Sie nicht überraschen – sie sind genauso aufgebaut wie im Deutschen:

✔ **100 honderd** (_honn_-dèrt)

✔ **200 tweehonderd** (_twee_-honn-dèrt)

✔ **300 driehonderd** (_drie_-honn-dèrt)

✔ **400 vierhonderd** (_vier_-honn-dèrt)

✔ **500 vijfhonderd** (_väijf_-honn-dèrt)

✔ **1000 duizend** (_dèüj_-sènt)

In der deutschen Sprache ist es gebräuchlicher, nach tausend von tausendeinhundert, tausendzweihundert und so weiter zu sprechen. Nur bei den Jahreszahlen sagt man im Deutschen zwölfhundert, dreizehnhundert und so weiter. Im Niederländischen ist das anders: Nach tausend beginnt man wieder mit **elf** (11), **twaalf** (12), **dertien** (13), **veertien** (14), **vijftien** (15), **zestien** (16), **zeventien** (17), **achttien** (18), **negentien** (19) und fügt dann **-honderd** hinzu:

✔ **1100 elfhonderd** (_ällf_-honn-dèrt)

✔ **1200 twaalfhonderd** (_twaalf_-honn-dèrt)

✔ **1300 dertienhonderd** (_därr_-tien-honn-dèrt)

✔ **1400 veertienhonderd** (_veer_-tien-honn-dèrt)

✔ **1500 vijftienhonderd** (_väijf_-tien-honn-dèrt)

Nach **elfhonderd** (1100), **twaalfhonderd** (1200), **dertienhonderd** (1300) etc. fügen Sie noch den Rest hinzu, beispielsweise:

✔ **1101 elfhonderdeen** (_ällf_-honn-dèrt-_een_)

✔ **1210 twaalfhonderdtien** (_twaalf_-honn-dèrt-_tien_)

Sobald Sie diese Zahlen gemeistert haben, machen Sie mit den Tausendern weiter. Die Struktur ist dabei wieder die gleiche wie im Deutschen:

✔ **2000 tweeduizend** (_twee_-dèüj-sènt)

✔ **3000 drieduizend** (drie-dèüj-sènt)

✔ **4000 vierduizend** (vier-dèüj-sènt)

✔ **5000 vijfduizend** (_väijf_-dèüj-sènt)

✔ **10.000 tienduizend** (_tien_-dèüj-sènt)

Nach **tweeduizend** (2000) bevorzugen die meisten Niederländer das System, nach dem auch von **duizend** (1000) bis **tweeduizend** (2000) gezählt wird. Das bedeutet, sie beginnen mit **eenentwintighonderd** (2100), **tweeëntwintighonderd** (2200), **drieëntwintighonderd** (2300) und so weiter. Falls notwendig, fügen sie dann den Rest auf die herkömmliche Weise hinzu, beispielsweise:

✔ **2101 eenentwintighonderdeen** (een-èn-twinn-tèch-honn-dèrt-_een_)

✔ **2444 vierentwintighonderdvierenveertig** (vier-èn-twinn-tèch-honn-dèrt-vier-èn-_veer_-tèch)

Die Ordnungszahlen

Ordnungszahlen schaffen eine Rangfolge: erster, zweiter, dritter und so weiter. Die ersten drei Ordnungszahlen sind die am häufigsten verwendeten; weit weniger eingesetzt werden im Niederländischen die höheren Zahlen wie zum Beispiel **twintigste, tachtigste** (zwanzigste, achtzigste). Das liegt allein schon daran, dass im Niederländischen ein Datum mit Grundzahlen und nicht – wie im Deutschen – mit Ordnungszahlen angegeben wird. Vergleichen Sie: **Vandaag is het drie december.** (vann-_daach_ iss èt drie dee-_ßämm_-bèr, Heute ist der dritte Dezember.) Dazu aber später mehr, zunächst bleiben wir bei den Ordnungszahlen. Bei der Schreibweise kann man zwischen der Abkürzung **1e** oder **1ste** beziehungsweise **2e** oder **2de** wählen.

- ✔ 1e **eerste** (_eer_-ßtè)

- ✔ 2e **tweede** (_twee_-dè)

- ✔ 3e **derde** (_därr_-dè)

- ✔ 4e **vierde** (_vier_-dè)

- ✔ 5e **vijfde** (_väijf_-dè)

- ✔ 6e **zesde** (_säss_-dè)

- ✔ 7e **zevende** (_see_-vèn-dè)

- ✔ 8e **achtste** (_ach_-ztè)

- ✔ 9e **negende** (_nee_-chèn-dè)

- ✔ 10e **tiende** (_tien_-dè)

Zum Gebrauch der Ordnungszahlen

In allen Sprachen werden Ordnungszahlen benutzt, wenn es zum Beispiel in einer Diskussion um die Aufzählung von Argumenten geht. In so einem Fall wird das Wort **ten** (zum) vorangestellt:

- ✔ **ten eerste:** (_tänn eer_-ßtè) zum Ersten / erstens

- ✔ **ten tweede:** (_tänn twee_-dè) zum Zweiten / zweitens

- ✔ **ten derde:** (_tänn därr_-dè) zum Dritten / drittens

Geburtstage und Altersangaben auf Niederländisch

Anders als im Deutschen verwenden Niederländer oft die Ordnungszahlen, wenn sie über ein bestimmtes Alter sprechen:

- ✔ **Op mijn achttiende heb ik een Citroen CX gekocht.** (*opp mäijn <u>ach</u>-tien-dè häpp ick èn ße-troo-<u>änn</u> ße-<u>ickß</u> chè-<u>kocht</u>,* Mit 18 habe ich mir einen Citroën CX gekauft.)

- ✔ **Op zijn achtenveertigste werd hij ontslagen.** (*opp säijn acht-èn-<u>veer</u>-tèch-stè wärrt häij onnt-<u>ßlaa</u>-chèn,* Mit 48 wurde er entlassen.)

Wenn ein Freund Sie zu seiner Geburtstagsfeier einladen möchte, könnte er sagen: **Kom je zaterdag? Ik vier mijn dertigste verjaardag.** (*komm jè <u>saa</u>-tèr-dach ick vier mäijn <u>därr</u>-tèch-stè vèr-<u>jaar</u>-dach,* Kommst du am Samstag? Ich feiere meinen 30. Geburtstag.)

Wenn nach dem Alter gefragt wird, verwendet man eine Grundzahl:

- ✔ **Mijn dochter is dertien.** (*mäijn <u>doch</u>-tèr iss <u>därr</u>-tien,* Meine Tochter ist dreizehn.)

- ✔ **Ik ben achtendertig.** (*ick bänn <u>acht</u>-èn-därr-tèch,* Ich bin 38 Jahre alt.)

So könnte jemand, der sehr verärgert ist, diese Aufzählung benutzen:

Ten eerste heb ik dat niet gezegd, ten tweede is het niet waar en ten derde wil ik er niet over praten! (*tänn eer-ßtè häpp ick datt niet chè-sächt tänn twee-dè iss èt niet waar änn tänn därr-dè will ick ärr niet oo-vèr praa-tèn*, Erstens habe ich das nicht gesagt, zweitens ist es nicht wahr und drittens möchte ich nicht darüber sprechen!)

Auf die Uhr sehen: »klokkijken«

Sind Sie noch nicht lange in den Niederlanden? Jeder wird verstehen, was Sie meinen, wenn Sie bei der Angabe der Uhrzeit das digitale System benutzen. Aber genau wie im Deutschen gibt es auch im Niederländischen ein umgangssprachliches System für die Uhrzeit.

Die Uhrzeit angeben

Zuerst das digitale System. Was ist damit gemeint? Sie kennen es, denn es ist international. In den Niederlanden wird es vor allem für offizielle Zeitansagen oder auf Bahnhöfen verwendet. Sie könnten zum Beispiel hören:

✔ **Het is veertien uur.** (*hätt iss <u>veer</u>-tien üür*, Es ist vierzehn Uhr.)

✔ **Het is veertien uur vijftien.** (*hätt iss <u>veer</u>-tien üür <u>väijf</u>-tien,* Es ist vierzehn Uhr fünfzehn.)

✔ **Het is veertien uur dertig.** (*hätt iss <u>veer</u>-tien üür <u>därr</u>-tèch,* Es ist vierzehn Uhr dreißig.)

✔ **Het is veertien uur vijfenveertig.** (*hätt iss <u>veer</u>-tien üür väijf-èn-<u>veer</u>-tèch,* Es ist vierzehn Uhr fünfundvierzig.)

In der Umgangssprache wird ein System verwendet, das wie im Deutschen die Uhr viertelt und sich dabei auf die ganze beziehungsweise die halbe Stunde bezieht. Man kann sich mit Freunden »Viertel nach acht« verabreden, der Film beginnt »zehn vor halb neun« oder man wartet auf jemanden bis »Viertel vor neun« und geht dann »fünf vor neun« hinein. Genauso sagen Sie das auf Niederländisch. Schauen Sie sich einmal die Uhr in Abbildung 3.1 an und folgende Beispiele:

Einmal das erste Viertel nach der vollen Stunde:

✔ **Het is twee uur.** (*hätt iss twee üür,* Es ist zwei Uhr.)

✔ **Het is vijf over twee.** (*hätt iss väijf <u>oo</u>-vèr twee,* Es ist fünf nach zwei.)

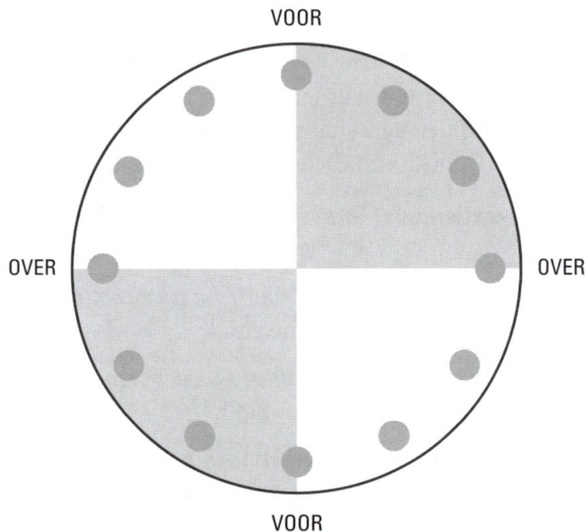

Abbildung 3.1: Die Einteilung der Uhr

✔ **Het is tien over twee.** (*hätt iss tien <u>oo</u>-vèr twee*, Es ist zehn nach zwei.)

✔ **Het is kwart over twee.** (*hätt iss kwarrt <u>oo</u>-vèr twee*, Es ist Viertel nach zwei.)

Nun kommt das zweite Viertel; man schaut nach vorn und orientiert sich an der vollen halben Stunde:

✔ **Het is tien voor half drie.** (*hätt iss tien voor hallf drie*, Es ist zehn vor halb drei.)

✔ **Het is vijf voor half drie.** (*hätt iss väijf voor hallf drie*, Es ist fünf vor halb drei.)

✔ **Het is half drie.** (*hätt iss hallf drie*, Es ist halb drei.)

Dann kommt man zum dritten Viertel. Man orientiert sich wieder an der halben Stunde und schaut darauf zurück:

✔ **Het is vijf over half drie.** (*hätt iss väijf <u>oo</u>-vèr hallf drie,* Es ist fünf nach halb drei.)

✔ **Het is tien over half drie.** (*hätt iss tien <u>oo</u>-vèr hallf drie,* Es ist zehn nach halb drei.)

Schließlich befindet man sich im letzten Viertel und schaut nach vorn auf die kommende volle Stunde:

✔ **Het is kwart voor drie.** (*hätt iss kwarrt voor drie,* Es ist Viertel vor drei.)

✔ **Het is tien voor drie.** (*hätt iss tien voor drie,* Es ist zehn vor drei.)

✔ **Het is vijf voor drie.** (*hätt iss väijf voor drie,* Es ist fünf vor drei.)

✔ **Het is drie uur.** (*hätt iss drie üür,* Es ist drei Uhr.)

Am Morgen oder am Abend?

Stellen Sie sich vor, Sie haben gerade Ihre neuen Nachbarn kennengelernt und wurden von ihnen zum Kaffee eingeladen. Da sie im Moment sehr beschäftig sind, sollen Sie am nächsten Tag zu Besuch kommen. Die Nachbarin sagt: »Kommen Sie morgen um neun auf eine Tasse Kaffee vorbei!« Da Sie nicht sicher sind, wann Sie kommen sollen, fragen Sie: **'s ochtends of 's avonds?** (*<u>ß</u>och-tèntß of <u>ß</u>aa-vonntß,* Morgens oder abends?) Das ist übrigens keine ungewöhnliche Frage, zumal Niederländer morgens und abends Kaffee trinken. Hier ein paar Ausdrucksweisen, die angeben, welcher Teil des Tages gemeint ist:

✔ 7 bis 12 Uhr: **'s ochtends** (_ßoch-tèntß_, morgens)

✔ 12 bis 14 Uhr: **tussen de middag** (_töss-ßèn dè midd-dach_, am Mittag)

✔ 12.30 bis 13.30 Uhr: **lunchtijd** (_lönnsch-täijt_, zum Mittagessen)

✔ 14 bis 16 Uhr: **'s middags** (_ßmidd-dachß_, nachmittags)

✔ 16 bis 18 Uhr: **in de namiddag** (_inn dè naa-midd-dach_, am späten Nachmittag)

Tage und Monate

Sie werden die Tage und Monate kennen, bevor Sie sie aktiv als Vokabeln gelernt haben. Denn sie begegnen einem überall: auf dem Fahrschein, in der Zeitung, im Fernsehen. Und auch die Monate werden Ihnen aus dem Deutschen bekannt vorkommen.

Im Niederländischen werden die Wochentage kleingeschrieben:

✔ **maandag** (_maan-dach_, Montag)

✔ **dinsdag** (_dinnß-dach_, Dienstag)

✔ **woensdag** (_wunß-dach_, Mittwoch)

✔ **donderdag** (_donn-dèr-dach_, Donnerstag)

✔ **vrijdag** (_vräij-dach_, Freitag)

✔ **zaterdag** (_saa-tèr-dach_, Samstag)

✔ **zondag** (_sonn-dach_, Sonntag)

Die Kleinschreibung gilt ebenfalls für die Monate:

- ✔ **januari** (*ja-nü-aa-rie*, Januar)

- ✔ **februari** (*fee-brü-aa-rie*, Februar)

- ✔ **maart** (*maart*, März)

- ✔ **april** (*app-pril*, April)

- ✔ **mei** (*mäij*, Mai)

- ✔ **juni** (*jü-nie*, Juni)

- ✔ **juli** (*jü-lie*, Juli)

- ✔ **augustus** (*au-chöss-töss*, August)

- ✔ **september** (*säpp-tämm-bèr*, September)

- ✔ **oktober** (*ock-too-bèr*, Oktober)

- ✔ **november** (*noo-vämm-bèr*, November)

- ✔ **december** (*dee-ßämm-bèr*, Dezember)

Geld, Geld, Geld

Egal wo Sie sich befinden und was Sie gerade tun, Geld spielt dabei immer eine wichtige Rolle. Um mit dem Thema Geld auch auf Niederländisch entspannt umgehen zu können, lernen Sie nun einige hilfreiche Begriffe und Redewendungen kennen, mit denen Sie Ihre finanziellen Angelegenheiten regeln können.

Bei der Bank

Mit der EC-Karte können Sie von Ihrem **bankrekening** (_bangk_-ree-kè-ning, Bankkonto) Geld abheben. **Geldautomaten** (_chällt_-au-too-maa-tèn), bei denen man **geld opnemen** (_chällt_ opp-nee-mèn, Geld abheben) kann, gibt es überall: bei den Banken, in Bahnhöfen, Einkaufszentren und Postämtern. Ein beliebter Ausdruck für **geld opnemen** ist **geld uit de muur trekken** (_chällt èüjt dè müür träck_-kèn, Geld aus der Wand ziehen), wenn man den **geldautomaat** benutzt.

An den Geldautomaten bekommen Sie auch Geld mit einer Karte von **de Postbank** (_dè posst_-bangk, niederländische Postbank) und anderen Banken. Der Höchstbetrag kann jedoch von Bank zu Bank variieren und es können **extra kosten** (_äck-ßtraa koss_-tèn, zusätzliche Servicegebühren) erhoben werden. Schauen Sie außerdem auf die Symbole am Geldautomaten, um sicherzugehen, dass Ihre Karte dort auch akzeptiert wird. Abhängig von den Geschäftsbedingungen der Bank, wird Ihnen der Höchstbetrag auf dem Bildschirm des Automaten angezeigt.

Wenn Sie Glück haben, bietet der Geldautomat Ihnen eine Sprachauswahl für das Menü an, unter der sich meist auch Deutsch befindet. Wenn Niederländisch jedoch die einzige Möglichkeit ist, sollten Sie vorbereitet sein, damit Sie wissen, was Sie da gerade tun. Eine typische Abfolge von Aufforderungen beim Geldabheben sieht wie folgt aus:

✔ **Voer uw pas in.** (_vuur üü pass inn_, Führen Sie Ihre Karte ein.)

✔ **Kies uw taal.** (_kieß üü taal_, Wählen Sie die Sprache.)

✔ **Voer uw pincode in.** (*vuur üu pinn-koo-dè inn*, Geben Sie Ihre Geheimzahl ein.)

✔ **Voer het bedrag in.** (*vuur èt bè-drach inn*, Geben Sie den Betrag ein.)

✔ **Bevestig het bedrag.** (*bè-väss-tèch èt bè-drach*, Bestätigen Sie den Betrag.)

✔ **Neem uw pas terug.** (*neem üu pass tè-röch*, Entnehmen Sie Ihre Karte.)

✔ **Neem uw geld uit.** (*neem üu chällt èüjt*, Entnehmen Sie Ihr Geld.)

Der Vorgang ist nun beendet, jetzt sollten Sie mit **contant geld** (*konn-tannt chällt*, Bargeld) versorgt sein. Es sei denn, der Geldautomat ist kaputt, dann erscheint auf dem Bildschirm die Nachricht:

✔ **Buiten gebruik.** (*bèüj-tèn chè-brèüjk*, Außer Betrieb.)

Vielleicht spuckt der Automat die Karte auch ohne Auszahlung wieder aus. Dann erhalten Sie die Nachricht:

✔ **Uw pas is ongeldig.** (*üu pass iss onn-chäll-dèch*, Ihre Karte ist ungültig.)

Wenn Ihre Karte akzeptiert wurde, Sie die Geheimzahl eingegeben haben und trotzdem kein Geld kommt, könnte die Nachricht lauten:

✔ **Ongeldige pincode.** (*onn-chäll-dè-chè pinn-koo-dè*, Geheimzahl falsch.)

Im schlimmsten Falle zieht der Automat Ihre Karte ein und teilt Ihnen mit:

✔ **Storing. Bel ...** (*ßtoo-ring. bäll...*, Störung. Bitte rufen Sie ... an.)

Kleiner Wortschatz

Niederländisch	Aussprache	Deutsch
invoeren	*inn-vuu-rèn*	einführen
kiezen	*kie-sèn*	wählen, auswählen
bevestigen	*bè-väss- tè-chèn*	bestätigen
bellen	*bäll-lèn*	anrufen, telefonieren
contant	*konn-tannt*	bar

Pinnen und chippen

Contante betaling (*konn-tann-tè bè-taa-ling*, Barzahlung), **pinnen** (*pinn-nèn*, mit der EC-Karte bezahlen) und **chippen** (*tschipp-pèn*, mit einer aufladbaren Chipkarte für kleinere Beträge bezahlen) sind die gängigsten Zahlungsweisen in den Niederlanden. Kreditkarten werden vor allem in größeren oder exklusiven Geschäften akzeptiert.

Bargeldloses Zahlen ist bei den Niederländern sehr beliebt. Beträge bis etwa 15 Euro begleichen sie oft mit dem aufladbaren Chip, der sich auch auf der Bankkarte befindet, größere Beträge mit EC-Karte (und dann mit Geheimzahl). Mit der Chipkarte können Sie an Parkautomaten bezahlen, in Supermärkten einkaufen oder Fahrkarten am Bahnhof lösen. Die Kreditkarte wird vor allem im Restaurant und bei Geschäften im Internet eingesetzt. Jede Karte für den Zahlungsverkehr hat eine eigene PIN (Personal Identification Number) und einen vierstelligen Zahlencode.

Abhängig von den Geschäftsbedingungen der jeweiligen Bank, kann es sein, dass Ihre EC-Karte an eine **creditcard** (_krädd-ditt-karrt_, Kreditkarte) gekoppelt ist. Die Karte gehört zu **een privé-rekening** (_èn prie-vee-ree-kè-ning_, Privatkonto) oder **particuliere rekening** (_parr-tie-kü-lie-rè ree-kè-ning_, persönliches Konto). Außer bei Kreditkartenzahlung werden die bezahlten oder abgehobenen Beträge sofort von Ihrem Konto **afgeschreven** (_aff-chè-ßchree-vèn_, abgebucht). Die gleiche Karte, in manchen Fällen auch eine eigens dafür ausgestellte Chipkarte, kann durch **opladen** (_opp-laa-dèn_, aufladen) als eine Art elektronisches Portemonnaie für kleinere Beträge fungieren, das nennt man **chippen** (_tschipp-pèn_).

Hallo, hoe gaat het? Sich begrüßen und vorstellen

In diesem Kapitel

✔ Duzen oder siezen

✔ Sich selbst und andere vorstellen

✔ Über Städte, Länder und Sprachen sprechen

✔ Über sich selbst erzählen

Mit anderen Leuten zusammenkommen und sie kennenlernen kann sehr anstrengend werden, vor allem wenn man deren Sprache nicht versteht. Die folgenden Tipps können hilfreich sein, wenn Sie Niederländer kennenlernen und Sie sich zum ersten Mal mit ihnen unterhalten wollen.

Die richtige Anrede auf Niederländisch

Im Niederländischen gibt es – ebenso wie im Deutschen – zwei Umgangsformen, mit denen man eine andere Person anspricht. Das höfliche und formelle **u** (*ü*, Sie) und das informelle **jij** (*jäij*) oder **je** (*jè*, du). Allerdings werden die beiden niederländischen Formen etwas anders verwendet als die deutschen. Dies kann in manchen Situationen zu Missverständnissen führen. Dieses Kapitel hilft Ihnen herauszufinden, wann Sie das informelle **jij** oder **je** einsetzen können, oder kurz gesagt: wen Sie wann duzen können.

Leute unter dreißig verwenden untereinander meist automatisch **jij** oder **je**. Zu allen älteren Personen, Amtspersonen oder Ihrem neuen Vorgesetzten sollten Sie erst einmal **u** sagen.

Wenn man sich dann im Laufe der Zeit etwas besser kennengelernt hat, kann die ältere Person von beiden beziehungsweise die weibliche Person vorschlagen: **Laten we »je« zeggen, ik heet Petra.** (*laa-tèn wè jè säch-chèn, ick heet pee-traa*, Lass uns »Du« sagen, ich heiße Petra.) Falls die andere Person in Ihrem Alter ist und Sie mit **je** anspricht, können Sie das Gleiche tun. Falls er oder sie Ihr Vorgesetzter oder älter als Sie ist, Sie sich jedoch vertraut fühlen, könnten Sie fragen: **Mag ik »je« zeggen?** (*Mach ick jè säch-chèn?*, Darf ich »Du« sagen?) Jedoch ist es auch nicht unüblich, mitten im Gespräch von **jij** auf **u** zu wechseln. Im Gegensatz zum Deutschen ist das **jij** weniger ein Zeichen von Vertrautheit, es dient vor allem der Auflockerung der Kommunikation

 Wenn Sie zunächst einmal das sichere und formelle **u** für jeden verwenden, der älter als dreißig beziehungsweise ein Vorgesetzter von Ihnen ist, wird man Sie für einen sehr höflichen Menschen halten. Unter Kollegen ist es in den Niederlanden üblich, sich zu duzen. Wenn Sie also von Ihrem Chef oder den Kollegen gleich mit »**je**« begrüßt werden, können Sie es getrost erwidern.

Hallo! Begrüßungen

Welche Begrüßung Sie verwenden, hängt von der Tageszeit, der Situation und der Person, die Sie begrüßen möchten, ab. Die gängigsten Floskeln sind, in der Reihenfolge von formell bis sehr informell:

✔ **goedemorgen** (*chu-dè-morr-chèn*, Guten Morgen)

   (Diese Begrüßung können Sie von morgens an bis zum Mittag benutzen.)

✔ **goedemiddag** (*chu-dè-<u>midd</u>-dach*, Guten Tag/Nachmittag)

(Benutzen Sie diese Begrüßung zwischen 12 und 18 Uhr.)

✔ **goedenavond** (*chu-dè-<u>naa</u>-vonnt*, Guten Abend)

(Benutzen Sie diese Begrüßung von 18 bis 22 Uhr.)

✔ **dag** (*dach*)

(neutral: Guten Tag)

✔ **hallo** (*hall-<u>loo</u>*)

(informell)

✔ **hoi** (*heu*)

(sehr informell und vergleichbar mit »Hi«)

Sehr formell sind Sie, wenn Sie **dag** in Kombination mit dem Nachnamen der Person, die Sie grüßen, verwenden: **Dag mevrouw Harskamp** (*dach mè-<u>vrau</u> <u>harrß</u>-kammp*, Tag Frau Harskamp).

Etwas weniger formell ist **hallo** in Kombination mit dem Nachnamen der Person: **Hallo mevrouw Harskamp** (*hall-<u>loo</u> mè-<u>vrau</u> <u>harrß</u>-kammp*, Hallo Frau Harskamp). Korrekt und doch etwas ungezwungener ist **dag** in Kombination mit dem Vornamen der Person: **Dag Petra** (*dach <u>pee</u>-traa*, Tag Petra). Noch informeller ist **hallo** und der Vorname der Person: **Hallo Petra** (*hall-<u>loo</u> <u>pee</u>-traa*, Hallo Petra). Wenn Sie ohnehin einen informellen Kontakt mit der Person pflegen, genügt auch ein **hallo** oder **hoi** (*heu*, Hi).

Personalpronomen und Präpositionen

Die Personalpronomen *ich*, *du*, *er/sie*, *wir* und *sie* verändern sich, abhängig davon, welche Funktion sie in einem Satz haben. Das ist im Niederländischen nicht anders als im Deutschen.

Wenn die Personalpronomen die Funktion des Subjekts in einem Satz haben, treten sie in dieser Form auf:

✔ **ik** (*ick*, ich)

✔ **jij** (*jäij*, du) oder in der unbetonten Form als **je**

✔ **hij** (*häij*, er), **zij** (*säij*, sie im Singular) oder unbetont als **ze** (*sè*, sie)

✔ **wij** (*wäij*, wir) oder in der unbetonten Form als **we** (*wè*, wir)

✔ **jullie** (*jöll-lie*, ihr)

✔ **zij** (*säij*, sie im Plural) oder als das unbetonte **ze** (*sè*, sie im Plural)

Sie brauchen diese Pronomen, um Sätze zu bilden wie:
Ik werk in Rotterdam (*ick wärrk inn rott-tèr-damm*, Ich arbeite in Rotterdam) und **Zij werkt in Den Haag** (*säij wärrkt inn dänn-haach*, Sie arbeitet in Den Haag).

Personalpronomen, die nach einer Präposition stehen, haben besondere Formen.

Präpositionen sind Wörter wie **met** (*mätt*, mit), **naar** (*naar*, nach, Bewegung irgendwo hin), **op** (*opp*, auf), **naast** (*naaßt*, neben), **voor** (*voor*, vor oder für) und **na** (*naa*, nach, Reihenfolge: eins *nach* dem anderen).

Subjektform	Präposition	Pronomen nach einer Präposition
ik	**met** (mit)	**mij/me** (mir)
jij/je	**naar** (nach)	**jou/je** (dir)
hij	**op** (auf)	**hem** (ihm)
zij/ze	**naast** (neben)	**haar** (ihr)
U	**voor** (für/vor)	**u** (Sie)
wij	**over** (über)	**ons** (uns)
jullie	**in** (in)	**jullie** (euch)
zij/ze	**tot** (bis zu)	**hen** (ihnen)

Hier ein paar Beispiele für Präpositionen, denen ein Pronomen folgt: In dem Satz **Met mij gaat het goed en met jou?** (*mätt mäij chaat èt chutt änn mätt jau?*, Mir geht es gut, und dir?) werden Sie feststellen, dass das Pronomen **mij** verwendet wurde und nicht die Subjektform **ik**. Das Gleiche geschieht in **Ik kijk naar jou** (*ick käijk naar jau*, Ich schaue zu dir): Anstelle von **jij** wird das Wort **jou** verwendet.

Die Wie-Frage: Wie geht es Ihnen/dir?

Sie sind auf einer Geburtstagsfeier und werden einer älteren Person vorgestellt. Die Gastgeberin macht Sie bekannt und nennt Ihren Namen. Manch älterer Niederländer könnte dann etwas zu Ihnen sagen wie: **Dag meneer Plooij, hoe maakt u het?** (*dach mè-<u>neer</u> plooij, hu maakt ü èt*, Guten Tag Herr Plooij, wie geht es Ihnen?)

Hier finden Sie einige weitere Beispiele, wie man sich nach dem Befinden erkundigt, in der Reihenfolge formell bis informell:

✔ **Hoe gaat het met u?** (*hu chaat èt mätt ü*, Wie geht es Ihnen?, formell und weniger altmodisch)

✔ **Hoe gaat het ermee?** (*hu chaat èt ärr-mee*, Wie stehen die Dinge?)

✔ **Hoe gaat het met jou?** (*hu chaat èt mätt jou*, Wie geht's dir?)

✔ **Hoe gaat het?** (*hu chaat èt*, Wie geht's?)

Zur Begrüßung gehört natürlich auch körperlicher Kontakt. Händeschütteln ist dabei die gängigste Form. In den Niederlanden küsst man, genau wie in Deutschland, nur Freunde oder Familienmitglieder. Was jedoch anders ist, ist die Tatsache, dass drei Mal auf die Wange beziehungsweise knapp daneben in die Luft geküsst wird (rechts, links, rechts). Wenn sich befreundete Frauen treffen, küssen sie sich ebenfalls so, Männer ziehen es vor, sich die Hand zu geben und dem anderen dabei freundschaftlich auf die Schulter zu klopfen. Ein Mann, der eine gut befreundete Frau trifft, wird sie ebenfalls zur Begrüßung küssen, jedoch niemals seine weibliche Vorgesetzte.

Bei den meisten informellen Gelegenheiten kommen die Niederländer jedoch ganz ohne Berührungen und Händeschütteln aus, sie sagen einfach nur: **Hallo**. Das Händeschütteln geschieht eher in formellen Situationen – wenn man sich zum ersten Mal trifft oder zu besonderen Anlässen, etwa bei Geburtstagen oder wann immer es etwas zu beglückwünschen gibt.

Um den Nachbarn zu begrüßen, reicht es, wenn man sagt: **dag** (*dach*), **hallo** (*hall-loo*) oder **hoi** (*heu*). Im Büro grüßt man sich, indem man: **goedemorgen** (*chu-dè-morr-chèn*, Guten Morgen) oder **goedemiddag** (*chu-dè-midd-dach*, Guten Tag, nachmittags) sagt. Bei Geschäftspartnern geht es jedoch nicht ohne das Händeschütteln. Man gibt sich die Hand, wenn man ankommt, wenn man ein Geschäft zum Abschluss gebracht hat oder wenn man sich verabschiedet.

Die richtige Reaktion

Die Frage nach dem Befinden gehört zu den Begrüßungsformeln. Im geschäftlichen Umgang wird in den Niederlanden zwar darauf geantwortet, aber niemand erwartet eine ehrliche Antwort. Die Reaktion ist stets: **prima** (*prie-maa*, bestens). Im privaten Umgang ist diese Frage schon eher ernst gemeint und kann mit folgenden Abstufungen beantwortet werden:

✔ **Uitstekend.** (*èüjt-ßtee-kènt*, Hervorragend.)

✔ **Prima.** (*prie-maa*, Bestens.)

✔ **Goed, dank je.** (*chutt, dangk jè*, Danke, gut.)

Unter wirklich guten Freunden könnten Sie auch einmal sagen:

✔ **Het gaat wel.** (*èt chaat wäll*, Es geht so.)

✔ **Niet zo goed.** (*niet so chutt*, Nicht so gut.)

In formellen Situationen erwidert man, nachdem man eine Antwort gegeben hat: **En met u?** (*änn mätt ü*, Und Ihnen?)

Ältere Leute werden Ihnen für diese Nachfrage dankbar sein, vor allem wenn Sie auch die Zeit haben, sich die Antwort anzuhören. Bei informellen Zusammentreffen können Sie auf die Frage **Hoe gaat het?** (*hu chaat èt*, Wie geht's?) am besten antworten: **Met mij prima en met jou?** (*mätt mäij prie-maa änn mätt jau*, Bei mir bestens und bei dir?)

Sich selbst vorstellen

Manchmal muss man sich selbst vorstellen. Viele tun das, indem sie bei formellen Situationen einfach ihren Nachnamen nennen. Niederländer hingegen stellen sich selbst grundsätzlich mit Vor- und Zunamen vor und sagen:

- ✔ **Hallo, ik ben Jessica de Rover.** (*hall-loo ick bänn jäss-ßie-kaa dè roo-vèr*, Hallo, ich bin Jessica de Rover.)

- ✔ **Ik zal me even voorstellen, ik ben Jacco Plooij.** (*ick sall mè ee-vèn voor-ßtäll-lèn ick bänn jaa-koo plooij*, Darf ich mich kurz vorstellen, ich bin Jacco Plooij.)

Jemand anders vorstellen

Wenn Sie in den Niederlanden leben, möchten Sie vielleicht auch einmal Menschen miteinander bekannt machen. Das ist einfach. Sie stellen jemanden vor, indem Sie mit **Dit is …** (Das ist …) beginnen und dann den Namen der betreffenden Person nennen. Sie können das erweitern, indem Sie **Dit is Cilla Vermeent, de secretaresse van Hans van der Jagt** (*ditt iss ßill-laa värr-meent dè ßee-krè-taa-räss-ßè vann hannß vann därr jacht*, Das ist Cilla Vermeent, die Sekretärin von Hans van der Jagt) oder **Dit is mijn collega Jessica de Rover** (*ditt iss mäijn* *koo-lee-chaa jäss-ßie-kaa dè roo-vér*, Das ist meine Kollegin Jessica de Rover) sagen.

Sollten Sie selbst jemandem vorgestellt werden, können Sie darauf mit dem Satz **Prettig met u kennis te maken.** (*prätt-tèch mätt ü känn-niss tè maa-kèn*, Angenehm Sie kennenzulernen.) reagieren. Unter jüngeren Menschen beziehungsweise bei einem ungezwungenen Beisammensein genügt es jedoch, einfach **hallo** zu sagen, während man sich die Hand gibt, und den eigenen Namen zu nennen. Sie können sich dann noch nach dem anderen erkundigen, indem Sie ihn **Bent u een collega van Jacco Plooij?** (*bännt ü èn koo-lee-chaa vann jaa-koo plooij*) oder bei einem privaten Treffen **Bent u een kennis van Jacco Plooij?** (*bännt ü èn känn-niss vann jaa-koo plooij*, Sind Sie ein Bekannter von Jacco Plooij?) fragen. Wenn man sich bekannt machen will, wird häufig auch die Frage **Bent u hier voor het eerst?** (*bännt ü hier voor èt eerßt*, Sind Sie zum ersten Mal hier?) gestellt.

Einander offiziell vorstellen

Für Zusammenkünfte, bei denen es sehr förmlich zugeht, eignen sich diese Sätze, wenn man jemanden vorstellen möchte:

✔ **Mag ik u voorstellen: Jessica de Rover.** (*mach ick ü voor-ßtäll-lèn jäss-ßie-kaa dè roo-vèr*, Darf ich vorstellen: Jessica de Rover.)

✔ **Prettig met u kennis te maken.** (*prätt-tèch mätt ü känn-niss tè maa-kèn*, Angenehm Sie kennenzulernen.)

✔ **Insgelijks.** (*innß-chè-läijkß*, Gleichfalls.)

Sich verabschieden

Wenn es Zeit ist zu gehen, können Sie sowohl formell als auch informell einfach **Tot ziens** (*tott sienß*) oder **Dag!** (*dach*) oder (sehr informell) **Doei** (*duij*) oder **Doeg** (*duuch*) sagen. Wenn es ein ungezwungenes Zusammensein mit Freunden war, sagen Sie: **Het was gezellig.** (*èt wass chè-säll-lèch*, Es war nett/gesellig.) Wenn Leute über ihre Pläne oder Arbeitsvorhaben erzählt haben, wünschen Sie ihnen beim Weggehen vielleicht: **Veel succes!** (*veel ßü-kßäss*, Viel Erfolg!)

Im Geschäftsleben erwähnen Sie beim Weggehen immer noch einmal die Dinge, die erledigt werden sollten, wie zum Beispiel: **Ik stuur u zo spoedig mogelijk het voorstel.** (*ick stüür ü soo ßpu-dèch moo-chè-lèk èt voor-ßtäll*, Ich schicke Ihnen so schnell wie möglich den Vorschlag.) oder: **Ik wacht uw verslag af.** (*ick wacht üu vèr-ßlach aff*, Ich warte auf Ihren Bericht.)

Das Verb »zijn«

Eines der wichtigsten Verben in allen Sprachen ist **sein**, auf Niederländisch **zijn** (*säijn*). Genau wie im Deutschen wird dieses Verb dazu verwendet, etwas zu beschreiben: von Gefühlen wie **verdrietig zijn** (*vèr-drie-tèch säijn*, traurig sein) oder **blij zijn** (*bläij säijn*, glücklich sein) bis zu körperlichen Eigenschaften wie **groot zijn** (*chroot säijn*, groß sein) und **slank zijn** (*ßlangk säijn*, schlank sein). **Zijn** ist auch im Niederländischen ein unregelmäßiges Verb, die Verwandtschaft zum Deutschen wird Ihnen jedoch helfen.

Konjugation	Aussprache
ik ben	*ick bänn*
jij bent	*jäij bännt*
hij/zij/het is	*häij/säij/hätt iss*
u bent	*ü bännt*
wij zijn	*wäij säijn*
jullie zijn	*jöll-lie säijn*
zij zijn	*säij säijn*

Sich über Städte und Länder unterhalten

Sich vorstellen ist schon mal ein guter Anfang, aber wie fängt man eine Unterhaltung an? Hier erfahren Sie, wie man sagt, woher man kommt, und sich danach erkundigt, woher der andere kommt.

Alles, was Sie dafür brauchen, sind die Worte:

✔ **Ik kom uit …** (*ick komm èüjt*, Ich komme aus …)

Wenn man das sagt, denkt man meistens an den Wohnort, an dem man aufgewachsen ist. Wenn Leute meinen, es wäre wichtig, auch zu erwähnen, wo sie geboren wurden, sagen sie: **Ik kom uit Amsterdam, maar ik ben geboren op Cura ao.** (*ick komm èüjt amm-ßtèr-damm maar ick bänn chè-boo-rèn opp kü-raa-ßau*, Ich komme aus Amsterdam, aber ich wurde auf Cura ao geboren.) Normalerweise beschränken sie sich auf: **Ik kom uit …** Wenn Sie diese Formulierung wählen, kann sich das auf ein Dorf, eine Stadt, eine Region oder ein Land beziehen. Sehen Sie sich dazu einmal die folgenden Beispiele an:

✔ **Ik kom uit Maastricht.** (*ick komm èüjt maaß-<u>tricht</u>*, Ich komme aus Maastricht.)

✔ **Ik kom uit Friesland.** (*ick komm èüjt <u>friess</u>-lannt*, Ich komme aus Friesland.)

✔ **Ik kom uit Duitsland.** (*ick komm èüjt <u>dèüjtß</u>-lannt*, Ich komme aus Deutschland.)

Wenn Sie jemanden fragen wollen, woher er kommt, müssen Sie sich zunächst einmal entscheiden, ob Sie die Person duzen oder siezen. Wenn Sie die Person(en) mit Du ansprechen, müssen Sie sich zwischen Singular **je** und Plural **jullie** entscheiden, das heißt, Sie müssen wissen, ob Sie sich an eine Person wenden oder an eine Gruppe. Wenn Sie die Höflichkeitsform Sie, also **u,** verwenden wollen, gibt es keinen Unterschied zwischen Singular und Plural. Das bedeutet: Eine einzelne Person, aber auch eine Gruppe, die Sie siezen, müssen Sie mit **u** ansprechen.

✔ **Waar komt u vandaan?** (formell, Singular/Plural)

(*waar kommt ü vann-<u>daan</u>*, Woher kommen Sie?)

✔ **Waar kom je vandaan?** (informell, Singular)

(*waar komm jè vann-<u>daan,</u>* Woher kommst du?)

✔ **Waar komen jullie vandaan?** (informell, Plural)

(*waar <u>koo</u>-mèn <u>jöll</u>-lie vann-<u>daan</u>*, Woher kommr ihr?)

Hauptstadt		Land	
Berlijn (*bärr-läijn*)	Berlin	**Duitsland** (*dèüjtß-lannt*)	Deutschland
Bern (*bärrn*)	Bern	**Zwitserland** (*switt-zèr-lannt*)	Schweiz
Boedapest (*bu-daa-pässt*)	Budapest	**Hongarije** (*hong-chaa-räij-jè*)	Ungarn
Brussel (*bröss-ßèl*)	Brüssel	**België** (*bäll-chie-jè*)	Belgien
Dublin (*döbb-blin*)	Dublin	**Ierland** (*ier-lannt*)	Irland
Kopenhagen (*koo-pèn-haa-chèn*)	Kopenhagen	**Denemarken** (*dee-nè-marr-kèn*)	Dänemark
Luxemburg (*lü-kßèm-börrch*)	Luxemburg	**Luxemburg** (*lü-kßèm-börrch*)	Luxemburg
Lissabon (*liss-ßaa-bonn*)	Lissabon	**Portugal** (*porr-tü-chall*)	Portugal
Londen (*lonn-dèn*)	London	**Engeland** (*äng-ngè-lannt*)	England
Madrid (*maa-dritt*)	Madrid	**Spanje** (*spann-njè*)	Spanien
Oslo (*oss-loo*)	Oslo	**Noorwegen** (*noor-wee-chèn*)	Norwegen
Parijs (*paa-räijß*)	Paris	**Frankrijk** (*frangk-räijk*)	Frankreich
Praag (*praach*)	Prag	**Tsjechië** (*tschäch-chie-jè*)	Tschechische Republik
Rome (*roo-mè*)	Rom	**Italië** (*ie-taa-lie-jè*)	Italien
Stockholm (*ßtock-hollm*)	Stockholm	**Zweden** (*swee-dèn*)	Schweden
Warschau (*warr-schau*)	Warschau	**Polen** (*poo-lèn*)	Polen
Wenen (*wee-nèn*)	Wien	**Oostenrijk** (*oo-ßtèn-räijk*)	Österreich

Tabelle 4.2: Kennen Sie diese europäischen Länder und Städte?

Ihr Gegenüber zu einem Gespräch ermuntern

Ein guter Start in eine Unterhaltung ist, eine Frage zu stellen. Folgende Fragesätze können für einen Gesprächsbeginn hilfreich sein:

✔ **Bent u hier bekend** (*bännt ü hier bè-<u>kännt</u>*, Kennen Sie sich hier aus?)

✔ **Ben je hier voor de eerste keer?** (*bänn jè hier voor dè <u>eer</u>-ßtè keer*, Bist du zum ersten Mal hier?)

✔ **Komt u hier wel vaker?** (*kommt ü hier wäll <u>vaa</u>-kèr*, Sind Sie öfters hier?)

✔ **Moeten we lang wachten?** (*<u>mu</u>-tèn wè lang <u>wach</u>-tèn*, Müssen wir lange warten?)

Alle Fragen, die mit einem Verb beginnen, sind sogenannte *geschlossene Fragen* oder Entscheidungsfragen. Die Person, die Sie damit ansprechen, könnte darauf mit einem einfachen Ja oder Nein antworten.

Offene Fragen beginnen immer mit einem Fragewort. Fragewörter sind zum Beispiel **wie** (*wie*, wer), **wat** (*watt*, was), **waar** (*waar*, wo), **hoe** (*hu*, wie) und **wanneer** (*wann-<u>neer</u>,* wann). Wenn Sie eine offene Frage stellen, wird Ihnen Ihr Gegenüber eine längere Antwort als nur ein kurzes **ja** (*jaa*, Ja) oder **nee** (*nee*, Nein) geben. Hier ein paar häufig gestellte Fragen, die mit einem Fragewort beginnen:

✔ **Wanneer komen we aan?** (*wann-<u>neer</u> <u>koo</u>-mèn wè aan*, Wann kommen wir an?)

✔ **Waar gaat u naartoe?** (*waar chaat ü naar-<u>tu</u>*, Wohin gehen/fahren Sie?)

✔ **Waar ga je naartoe?** (*waar chaa jè naar-<u>tu</u>*, Wohin gehst/fährst du?)

✔ **Wat is dit voor soort restaurant?** (*watt iss ditt voor ßoort räss-too-<u>rannt</u>*, Was für eine Art Restaurant ist das?)

✔ **Wie is dat?** (*wie iss datt*, Wer ist das?)

Kleiner Wortschatz

Niederländisch	Aussprache	Deutsch
uit	*èüjt*	aus
komen	*koo-<u>mèn</u>*	kommen
bekend	*bè-<u>kännt</u>*	ortskundig, bekannt
vaak	*vaak*	oft
aankomen	*<u>aan</u>-ko-mèn*	ankommen
gaan	*chaan*	gehen, fahren

Von sich selbst erzählen

Wenn Ihr Gesprächspartner tatsächlich an Ihnen interessiert ist, wird er Ihnen ebenfalls Fragen stellen. Denkbare Themen sind die Arbeit oder die Familie.

Von der Arbeit erzählen

Im Allgemeinen verwenden Sie, wenn Sie sagen möchten, was Sie machen, »Ich bin« in Verbindung mit Ihrem Beruf oder Ihrer Tätigkeit. Vor Berufsbezeichnungen verwendet man keinen Artikel. Für manche Berufe gibt es geschlechtsspezifische Bezeichnungen, für einige auch nicht:

✔ **Ik ben acteur.** (*ick bänn ack-töhr*, Ich bin Schauspieler.)

✔ **Ik ben actrise.** (*ick bänn <u>ack-tri</u>-ßè*, Ich bin Schauspielerin.)

✔ **Ik ben student.** (*ick bänn ßtü-<u>dännt</u>*, Ich bin Student.)

✔ **Ik ben studente.** (*ick bänn ßtü-<u>dänntè</u>*, Ich bin Studentin.)

✔ **Ik ben hoogleraar.** (*ick bänn hooch-<u>lee</u>-raar*, Ich bin Professor. (weiblich oder männlich))

Einige Berufe haben eine weibliche Form, die jedoch nicht mehr benutzt wird. Frauen sagen mittlerweile eher **Ik ben directeur** (*ick bänn die-räck-<u>töhr</u>*, Ich bin Geschäftsführer/ Leiter) anstelle der älteren Form **Ik ben directrice** (*ick bänn die-räck-<u>trie</u>-ßè*, Ich bin Geschäftführerin/Leiterin). Jüngere Lehrer werden sagen: **Ik ben docent Nederlands.** (*ick bänn doo-<u>ßännt</u> <u>nee</u>-dèr-lanntß*, Ich bin Niederländischlehrer.)

Immer mehr Berufe haben ohnehin englische Bezeichnungen. Folgende Berufsbezeichnungen nennen Ihre niederländischen Geschäftspartner vielleicht:

✔ **Ik ben accountmanager.** (*ick bänn è-<u>kaunt</u>- männ-nè-dschèr*, Ich bin Kundenbetreuer.)

✔ **Ik ben HR-assistent.** (*ick bänn haa-ärr-ass-ßie-<u>ßtännt</u>*, Ich bin Assistent im Personalmanagement.)

Falls Sie Ihre Berufsbezeichnung nicht auf Niederländisch kennen, schauen Sie im Wörterbuch oder in einem Online-Wörterbücher nach. Sie können aber auch nur den Arbeitsort nennen:

✔ **Ik werk op de universiteit.** (*ick wärrk opp dè ü-nie-värr-sie-täijt,* Ich arbeite an der Universität.)

✔ **Ik werk bij een internationaal bedrijf.** (*ick wärrk bäij èn inn-tèr-na-ßioo-naal bè-dräijf,* Ich arbeite bei einem internationalen Unternehmen.)

✔ **Ik werk in een ziekenhuis.** (*ick wärrk inn èn sie-kèn-hèüjß,* Ich arbeite in einem Krankenhaus.)

Wenn Sie studieren, wollen Sie vielleicht Ihr Studienfach erwähnen. Sie fangen dann mit **Ik studeer** (*ick ßtü-deer,* Ich studiere) an und fügen das Fach hinzu:

✔ **wiskunde** (*wiss-könn-dè,* Mathematik)

✔ **literatuur** (*lie-tè-raa-tüür,* Literatur)

✔ **internationaal recht** (*inn-tèr-na-ßioo-naal recht,* internationales Recht)

✔ **medicijnen** (*mee-die-ßäij-nèn,* Medizin)

Telefonnummern austauschen

Wenn Sie Ihre Telefonnummer weitergeben wollen, um mit Ihrem Gesprächspartner in Kontakt zu bleiben, können Sie sagen: **Ik geef je mijn telefoonnummer in geval je contact met me wilt opnemen.** (*ick cheef jè mäijn tee-lè-foon-nömm-mèr inn chè-vall jè konn-tackt mätt mè willt opp-nee-mèn,* Ich gebe dir meine Telefonnummer, falls du mich kontaktieren willst.) Sie werden Ihre Nummer dann wahrscheinlich aufschreiben oder Ihrem Gesprächspartner Ihre Visitenkarte geben. Nachdem Sie ihm Ihre Karte gegeben haben, können Sie noch hinzufügen: **Dit is mijn mobiele nummer.** (*ditt iss mäijn moo-bie-lè nömm-mèr,* Das ist meine Handynummer.)

oder: **Het netnummer is …** (*hätt <u>nätt</u>-nömm-mèr iss*, Die Vorwahl ist …) oder: **Het abonneenummer is …** (*hätt a-bonn-<u>nee</u>-nömm-mèr iss*, Die Festnetznummer ist …).

 Niederländische Telefonnummern sind immer zehnstellig. Die ersten zwei, drei oder vier Nummern sind die Vorwahl, 06 ist die Vorwahl für Handys, größere Städte haben dreistellige und kleinere Städte haben vierstellige Vorwahlen:

- ✔ **06** (Handy) **nul zes** (*nöll säss*, null sechs)

- ✔ **010** (Rotterdam) **nul tien** (*nöll tien*, null zehn)

- ✔ **020** (Amsterdam) **nul twintig** (*nöll <u>twinn</u>-tèch*, null zwanzig)

- ✔ **030** (Utrecht) **nul dertig** (*nöll <u>därr</u>-tèch*, null dreißig)

- ✔ **070** (Den Haag) **nul zeventig** (*nöll <u>see</u>-vèn-tèch*, null siebzig)

Über die Familie erzählen

Über die Familie spricht man, wenn man mit jemandem einen vertraulichen Umgang pflegt oder danach gefragt wird. Sie werden dann folgende Wörter brauchen:

- ✔ **de ouders** (*dè <u>au</u>-dèrß*, die Eltern)

- ✔ **de vader** (*dè <u>vaa</u>-dèr*, der Vater)

- ✔ **de moeder** (*dè <u>mu</u>-dèr*, die Mutter)

- ✔ **de kinderen** (*dè <u>kinn</u>-dè-rèn*, die Kinder)

- ✔ **de zoon** (*dè soon*, der Sohn)

- ✔ **de jongen** (*dè <u>jong</u>-ngèn*, der Junge)

✔ **de dochter** (*dè <u>doch</u>-tèr*, die Tochter)

✔ **het meisje** (*hätt <u>mäij</u>-schè*, das Mädchen)

✔ **de zus** (*dè söss*, die Schwester)

✔ **de broer** (*dè bruur*, der Bruder)

✔ **de broers en zussen** (*dè bruurs änn <u>söss</u>-ßèn*, die Geschwister)

✔ **de grootvader** (*dè <u>chroot</u>-vaa-dèr*, der Großvater)

✔ **de opa** (*dè <u>oo</u>-paa*, der Opa)

✔ **de grootmoeder** (*dè <u>chroot</u>-mu-dèr*, die Großmutter)

✔ **de oma** (*dè <u>oo</u>-maa*, die Oma)

✔ **de oom** (*dè oom*, der Onkel)

✔ **de tante** (*dè <u>tann</u>-tè*, die Tante)

✔ **de neef, het neefje** (*hätt <u>nee</u>-fjè*, der Cousin / der Neffe)

✔ **de nicht** (*dè nicht*, die Cousine / die Nichte)

Wahrscheinlich ist Ihnen beim Lesen der Begriffe aufgefallen, dass es im Niederländischen kein Wort für »Geschwister« gibt. Das muss man immer mit **broers en zussen** (Brüder und Schwestern) umschreiben. Und wenn man keine Geschwister hat, sagt man: **Ik heb geen broers en zussen.** (*ick häpp cheen bruurs änn <u>söss</u>-ßèn*, Ich habe keine Geschwister.) Im Gegenzug dazu kennt das Niederländische den Begriff **schoonfamilie** (Schwiegerfamilie). Beachten Sie bitte bei der Aussprache von **schoonzus** (*ßchoon-söss*, die Schwägerin), dass das ö in **zus** kurz ausgesprochen werden muss.

Sollten die Wörter **mijn vriend** und **mijn vriendin** für Unklarheiten sorgen, kann man auch auf **mijn partner** (*mäijn <u>parrt</u>-

nèr) zurückgreifen. Das ist geschlechtsneutral und kann sowohl in heterosexuellen als auch in homosexuellen Partnerschaften verwendet werden.

Ein verheirateter Mann sagt **mijn vrouw** (*mäijn vrau*), wenn er seine Ehefrau meint. Ältere Herren werden eher von **mijn echtgenote** (*mäijn ächt-chè-noo-tè*, meine Ehefrau) sprechen. Eine verheiratete Frau sagt **mijn man** (*mäijn mann*), wenn sie ihren Ehemann meint. Ältere Damen werden ihn wahrscheinlich **mijn echtgenoot** (*mäijn ächt-chè-noot*, mein Ehemann) nennen.

Die Verneinung: »niet« und »geen«

Das Niederländische kennt, ebenso wie das Deutsche, zwei Arten der Verneinung. Zuerst die Verbindung von **niet** (*niet*) mit einem Verb:

✔ **Mijn zus is niet getrouwd.** (*mäijn söss iss niet chètraut*, Meine Schwester ist nicht verheiratet.)

✔ **Ik ben niet rijk.** (*ick bänn niet räijk*, Ich bin nicht reich.)

✔ **Ik woon niet in Amsterdam.** (*ick woon niet inn amm-ßtèr-damm*, Ich wohne nicht in Amsterdam.)

✔ **Ik luister niet naar jou.** (*ick lèüj-ßtèr niet naar jau*, Ich höre nicht auf dich.)

Daneben gibt es die Verbindung von **geen** mit einem Substantiv:

✔ **Mijn zus heeft geen kinderen.** (*mäijn söss heeft che-en kinn-dè-rèn*, Meine Schwester hat keine Kinder.)

✔ **Ik heb geen geld.** (*ick häpp cheen chällt*, Ich habe kein Geld.)

✔ **Ik heb geen auto.** (*ick häpp cheen oo-too*, Ich habe kein Auto.)

Zwischen **geen** (*cheen*) und die Person oder die Sache können Sie ein Adjektiv stellen, das zusätzliche Informationen enthält:

✔ **Mijn zus heeft geen kleine kinderen.** (*mäijn söss heeft cheen kläij-nè kinn-dè-rèn*, Meine Schwester hat keine kleinen Kinder.)

✔ **Ik heb geen Nederlandse guldens meer.** (*ick häpp cheen nee-dèr-lann-zè chöll-dèns meer*, Ich habe keine niederländischen Gulden mehr.)

✔ **In heb geen zwarte auto.** (*ick häpp cheen swarr-tè oo-too*, Ich habe kein schwarzes Auto.)

Kleiner Wortschatz

Niederländisch	Aussprache	Deutsch
tijdelijk	*täij-dè-lèck*	vorübergehend
met iemand contact opnemen	*mätt ie-mannt konn-tackt opp-nee-mèn*	jemanden kontaktieren
wonen	*wo-nèn*	wohnen
naar iemand luisteren	*naar ie-mannt lèüjß-tèr-èn*	auf jemanden hören
zwart	*swarrt*	schwarz
getrouwd zijn	*chè-traut säijn*	verheiratet sein

Leckeres Essen und Getränke genießen 5

Über die nationalen Gerichte, typische Essgewohnheiten und alles, was damit zusammenhängt, kann man oft einen angenehmen Zugang zu einem neuen Land und dessen Kultur erhalten. Ob Sie nun selbst kochen und Ihre Freunde zu Hause bewirten wollen oder ein Geschäftsessen bevorsteht: Es ist immer nützlich, wenn man weiß, wie die Gerichte heißen und worüber man beim Essen sprechen kann.

Traditionellerweise kennen die Niederländer drei Mahlzeiten: Frühstück, Mittagessen und Abendessen. Das Frühstück verliert in vielen niederländischen Haushalten zunehmend an Bedeutung, Hotels bieten das Frühstück in Form eines Buffets meistens zwischen 7 und 10 Uhr an.

Das Mittagessen findet zwischen 12 und 13 Uhr statt und wer eine wie in Deutschland übliche warme Mahlzeit erwartet, wird enttäuscht sein. Das niederländische Mittagessen ist schlicht und kalt: mit Schinken oder Käse belegte Brötchen und ein Glas Milch.

Das Abendessen ist die Hauptmahlzeit. Eingenommen wird es zwischen 18 und 20 Uhr zu Hause oder in der Zeit von 19 bis

22 Uhr in einem Restaurant. Zu Hause kann diese Mahlzeit alles Mögliche sein. Wenige halten noch an den traditionellen Kartoffeln mit Gemüse und Fleisch fest. Vorbereitete Produkte und Fertiggerichte werden immer beliebter.

Im Restaurant

Zusammen essen gehen ist vor allem bei Singles und kinderlosen Paaren beliebt. Viele Niederländer empfinden es als Luxus, in einem guten Restaurant zu essen, und diesen Luxus leisten sie sich auch nur an besonderen Tagen, wie am zweiten Weihnachtsfeiertag oder wenn es etwas zu feiern gibt. Familien mit kleinen Kindern besuchen hingegen öfter Hamburger-Ketten, Cafés, in denen Pfannkuchen serviert werden, oder Grillrestaurants, wenn die Kinder etwas größer sind.

Wenn Sie in einem Restaurant essen, werden Sie auf Ihrem Tisch folgende Dinge finden:

✔ **het glas** (*hätt chlass*, das Glas)

✔ **het bord** (*hätt bort*, der Teller)

✔ **het soepbord** (*hätt ßupp-bort*, der Suppenteller)

✔ **het servet** (*hätt särr-vätt*, die Serviette)

✔ **het mes** (*hätt mäss*, das Messer)

✔ **de vork** (*dè vorrk*, die Gabel)

✔ **de lepel** (*dè lee-pèl*, der Löffel)

✔ **het lepeltje** (*hätt lee-pèl-tjè*, das Löffelchen)

✔ **het kopje** (*hèt kopp-jè*, die Tasse)

Sollte etwas fehlen, können Sie die Bedienung fragen:

✔ **Mag ik een lepel alstublieft?** (*mach ick èn <u>lee</u>-pèl all-stü-<u>blieft</u>*, Könnte ich bitte einen Löffel haben?)

Einige wichtige Verben am Tisch

Drinken (*<u>dring</u>-kèn*, trinken) und **eten** (*<u>ee</u>-tèn*, essen) sind lebensnotwendig und deshalb ist es wichtig, dass Sie diese Verben kennen, wenn Sie in den Niederlanden leben.

Das Verb **drinken** ist regelmäßig. Lassen Sie die Endung **-en** weg und schon haben Sie die erste Person Singular (ich). Für die zweite (du) und die dritte Person Singular (er, sie, es und Sie) brauchen Sie nur ein **-t** hinzuzufügen. Für die Pluralformen (wir, ihr, sie) nehmen Sie wieder das ganze Verb beziehungsweise den Infinitiv: **drinken**.

Konjugation	Aussprache
drinken	*dring-kèn*
ik drink	*ick dringk*
jij drinkt	*jäij dringkt*
hij/zij/het drinkt	*häij/säij/hätt dringkt*
u drinkt	*ü dringkt*
wij drinken	*wäij <u>dring</u>-kèn*
jullie drinken	*<u>jöll</u>-lie <u>dring</u>-kèn*
zij drinken	*säij <u>dring</u>-kèn*

Das Verb **eten** (*e-tèn*) ist ebenfalls regelmäßig. Dennoch gilt es, eine Änderung der Schreibweise zu beachten. Um den langen Klang des **e** (*ee*) im Infinitiv zu erhalten, muss der Vokal in der ersten, zweiten und dritten Person Singular (ich, du, er, sie, es und Sie) verdoppelt werden.

Konjugation	Aussprache
ik eet	*ick eet*
jij eet	*jäij eet*
hij/zij/het eet	*häij/säij/hätt eet*
u eet	*ü eet*
wij eten	*wäij ee-tèn*
jullie eten	*jöll-lie ee-tèn*
zij eten	*säij ee-tèn*

Die Wahl des Restaurants

Große Städte verfügen über eine breit gefächerte Palette an Restaurants. Ein **Argentijns grillrestaurant** (*arr-chèn-täijnß chrill-räss-too-rannt*, argentinisches Grillrestaurant) bietet reichliche und preiswerte Fleischgerichte an.

In Hafenstädten wie Amsterdam und Rotterdam findet man oft ein echtes **Chinees restaurant** (*schie-neeß räss-too-rannt*, chinesisches Restaurant). Die Gerichte in solch einem China-Restaurant schmecken ganz anders als in den weitverbreiteten chinesisch-indonesischen Restaurants. Niederländer nennen die chinesisch-indonesischen Restaurants irrtümlicherweise **de Chinees** (*dè schie-neeß*, der Chinese). Chinesische Gerichte aus China sind nicht so pikant gewürzt wie die Speisen aus der ehemaligen Kolonie der Niederländer in Asien, dem heutigen Indonesien.

✔ **Eten bij de Chinees** (_ee_-tèn bäij dè schie-_neeß_, chinesisch-indonesisch essen) war schon immer beliebt, nicht zuletzt weil man große Portionen für relativ wenig Geld bekommt.

✔ **Frans eten** (_frannß ee-tèn_, französisch essen) ist ebenfalls in den großen Städten möglich. **Franse restaurants** (_frann-ßè räss-too-ranntß_, französische Restaurants) sind grundsätzlich teuer und bieten eine exklusive Küche an.

✔ Sie werden **Indiase restaurants** (_inn_-die-jaa-ßè _räss-too-rantß_, indische Restaurants) in den großen Städten finden.

✔ **Nederlandse restaurants** (_nee_-dèr-lann-zè _räss-too-ranntß_, niederländische Restaurants) gibt es kaum und die guten Adressen sind schwer zu finden. Oft sind es Restaurants für Touristen und nur wenige bieten die traditionellen Gerichte wie Pfannkuchen und Erbsensuppe in guter Qualität an.

✔ **Thais** oder **Vietnamees eten** (_thaaijs / viet-naa-meeß ee-tèn_, thailändisch oder vietnamesisch essen) ist in vielen Restaurants in größeren Städten möglich.

✔ **Visrestaurants** (_viss-räss-too-rantß_, Fischrestaurants) kann man in Hafenstädten und den größeren Städten finden.

✔ **Internationaal eten** (_inn-tèr-na-ßioo-naal ee-tèn_, die internationale Küche aus Griechenland, Italien, Mexiko oder Spanien) ist in nahezu jeder Stadt der Niederlande vertreten.

✔ Falls Sie auf der Suche nach einem **vegetarisch restaurant** (*vee-chè-taa-rieß räss-too-rannt*, vegetarisches Restaurant) sind, sollten Sie einen guten Restaurantführer kaufen oder auf www.iens.nl. nachschauen.

✔ **Zakenrestaurants** (*saa-kèn-räss-too-ranntß*, Restaurants für Geschäftsessen mit drei oder mehr Sternen) sind grundsätzlich sehr teuer und nicht unbedingt im Stadtzentrum gelegen. Sie finden die Adressen in besonderen Restaurantführern oder durch Empfehlung von Kollegen. Man erreicht diese Restaurants mit dem Auto, Parkplätze sind vorhanden.

Einen Tisch reservieren

Bei manchen Restaurants kann man übers Internet reservieren. Man kann aber auch nachmittags, nach 15 Uhr anrufen und für den gleichen Abend oder fürs Wochenende reservieren. Vor allem bei Restaurants, die gerade angesagt sind oder viel für Geschäftsessen gebucht werden, sollte man vorab reservieren. Folgende Sätze können dabei hilfreich sein:

✔ **Ik wil graag een tafel reserveren**. (*ick will chraach èn taa-fèl ree-ßèr-vee-rèn*, Ich würde gern einen Tisch reservieren.)

✔ **Ik wil een tafel reserveren voor vier personen om zeven uur. Is dat mogelijk?** (*ick will èn taa-fèl ree-ßèr-vee-rèn voor vier pèr-ßoo-nèn omm see-vèn üür. Iss datt moo-chè-lèk*, Ich würde gern einen Tisch für vier Personen um 19 Uhr reservieren. Geht das?)

Um bei der Reservierung konkret werden zu können, müssen Sie eine Uhrzeit und einen Tag nennen, zum Beispiel:

✔ **voor vanavond** (*voor vann-aa-vonnt*, für heute Abend)

✔ **voor morgenavond** (*voor morr-chè-naa-vonnt*, für morgen Abend)

✔ **voor zaterdagavond** (*voor saa-tèr-dach-aa-vonnt*, für Samstagabend)

✔ **voor zondagavond** (*voor sonn-dach-aa-vonnt*, für Sonntagabend)

Ins Restaurant kommen und Platz nehmen

 Falls Sie ohne vorherige Reservierung in ein Restaurant gehen, könnten Sie Folgendes fragen oder als Antwort hören:

✔ **Heeft u plaats voor twee personen?** (*heeft ü plaatß voor twee pèr-ßoo-nèn*, Haben Sie Platz für zwei Personen?)

✔ **Nee, het spijt me, we zijn volgeboekt voor vanavond.** (*nee hätt späijt mè wè säijn voll-chè-bukt voor vann-aa-vonnt*, Nein, tut mir leid, wir sind heute Abend ausgebucht.)

✔ **Kunt u wachten bij de bar? Over 10 minuten komt een tafel vrij.** (*könnt ü wach-tèn bäij dè barr. oo-vèr tien mie-nü-tèn kommt èn taa-fèl vräij*, Könnten Sie an der Bar warten? In zehn Minuten wird ein Tisch frei.)

Kleiner Wortschatz

Niederländisch	Aussprache	Deutsch
graag	*chraach*	gern
de tafel	*dè taa-fèl*	der Tisch
het spijt me	*hätt späijt mè*	es tut mir leid
vrij	*vräij*	frei
wachten	*wach-tèn*	warten

Bekommen, was man möchte: Das Verb »willen«

Sobald Sie am Tisch sitzen, werden Sie eine Karte bekommen. Die einfachste Art zu sagen, was man möchte ist: **ik wil** (ich möchte). Scheuen Sie sich nicht, das Verb **willen** zu benutzen. Es ist nicht unhöflich und bedeutet »möchten«. Das Präsens von **willen** ist unregelmäßig.

Konjugation	Aussprache
ik will	*ick will*
jij wilt	*jäij willt*
hij/zij/het wil	*häij/säij/hätt will*
u wilt	*ü willt*
wij willen	*wäij will-lèn*
jullie willen	*jöll-lie will-lèn*
zij willen	*säij will-lèn*

Die Bestellung höflicher machen: Das Wörtchen »graag«

Wenn Sie die Bestellung noch etwas höflicher machen möchten, können Sie das Wort **graag** (*chraach*, gern) einfügen. Sie könnten also sagen: **Ik wil tomatensoep.** (*ick will too-maa-tèn-ßupp*, Ich möchte Tomatensuppe.) Oder, Sie formulieren das Ganze etwas höflicher: **Ik wil graag tomatensoep.** (*ick will chraach too-maa-tèn-ßupp*, Ich möchte gern Tomatensuppe.) **Ik wil graag een biertje** (*ick will chraach èn bier-tjè*, Ich möchte gern ein Bier) ist ein guter Start in den Abend.

Eine Möglichkeit, etwas mit Nachdruck zu bestellen und trotzdem höflich zu bleiben, ist: **Geeft u mij alstublieft eerst een biertje.** (*cheeft ü mäij all-ßtü-blieft eerßt èn bier-tjè*, Bringen Sie mir bitte zuerst ein Bier.)

✔ **Geeft u mij alstublieft advies**. (*cheeft ü mäij all-ßtü-blieft att-vieß*, Geben Sie mir bitte einen Rat.)

Gibt es Frühstück?

In einem niederländischen Hotel wird Ihnen immer ein Frühstück angeboten. Dazu könnten folgende Dinge gehören:

✔ **de boterham** (*dè boo-tèr-hamm*, die Scheibe Brot)

✔ **het broodje** (*hätt broo-tjè*, das Brötchen)

✔ **de croissant** (*dè kroo-ßannt*, das Croissant)

✔ **de toast** (*dè tooßt*, der Toast)

✔ **de kaas** (*dè kaaß*, der Käse)

✔ **de vleeswaren** (*dè vleeß-waa-rèn*, der Aufschnitt)

✔ **de boter** (*dè <u>boo</u>-tèr*, die Butter)

✔ **het sap** (*hätt ßapp*, der Saft)

✔ **de melk** (*dè mällk*, die Milch)

✔ **het sinaasappelsap** (*hätt <u>ßie</u>-na-ßapp-pèl-ßapp*, der Orangensaft)

✔ **het ei** (*hätt äij*, das Ei)

Wo man etwas zu Mittag essen kann

Das niederländische Mittagessen ist schlicht und besteht aus kalten Speisen.

✔ Wenn Sie nicht wirklich hungrig sind, sollten Sie es einmal bei einem **haringkraam** (*<u>haa</u>-ring-kraam*, Imbisswagen mit frischem Fisch) mit einem **haring** (*<u>haa</u>-ring*, Hering) oder **een lekkerbekje** (*èn <u>läck</u>-kèr-bäck-jè*, ein frittiertes Fischfilet) versuchen.

✔ Wenn Sie sich von Kalorien nicht abschrecken lassen, probieren Sie doch mal in einem **patatkraam** (*pa-<u>tatt</u>-kraam*, Pommesbude) **patatje** (*pa-<u>tatt</u>-tjè*, Portion Pommes) oder **frikandel** (*frie-kann-<u>däll</u>*, eine Art Currywurst ohne Darm).

✔ Falls Sie etwas gesündere Dinge bevorzugen, könnten Sie ein **broodje gezond** (*<u>broo</u>-tjè chè-<u>sonnt</u>*, ein Baguette mit Käse, Ei, Tomate, Gurke oder Salatblatt) in einer **croissanterie** (*kroo-ßann-tè-<u>rie</u>*, Croissantladen) oder einer **broodjeszaak** (*een <u>broo</u>-tjèß-saak*, Sandwichbar) probieren.

✔ In einer **snackbar** (_ßnäck_-barr, Imbiss) oder einer **cafetaria** (ka-fè-_taa_-rie-ja, Cafeteria) werden Sie fast alle gerade genannten Dinge einschließlich **soep van de dag** (_ßupp vann dè dach_, Tagessuppe) und **uitsmijter** (_èüjt_-ßmäij-tèr, Strammer Max) bekommen.

✔ In manchen Städten gibt es einen **poffertjeskraam** (_poff_-fèr-tjèß-kraam). Diese kleinen runden Pfannkuchen werden mit Butter und Zucker gegessen und sind besonders bei Kindern beliebt.

✔ **Een pannenkoek** (_èn pann_-nè-kukk, ein Pfannkuchen) in einem **pannenkoekenhuis** (_pann_-nè-kuk-kè-hèüjß, Pfannkuchenhaus) ist eine vollwertige Mahlzeit, vor allem wenn Sie den traditionellen **spekpannenkoek** (_späck_-pann-nè-kukk) bestellen. Dieser Pfannkuchen ist ein geschmackliches Experiment aus süß und salzig: In den Teig wird Frühstücksspeck eingebacken und am Tisch wird zum Bestreichen Zuckerrübensirup serviert.

Sollten Sie jedoch nach etwas echt Niederländischem suchen, müssen Sie in einem **bruin café** (_èn brèüjn kaff-fee_, ein vom Zigarettenrauch braunes Café, Kneipe) einkehren und **een biertje** (_èn bier_-tjè, ein kleines Bier) oder **een borrel** (_èn borr-rèl_, einen Schnaps) bestellen. Keine Angst: Auch in den Niederlanden gibt es inzwischen ein Rauchverbot in Restaurants, Cafés und Kneipen. Die vom Rauchen braun gefärbten Decken und Wände stammen aus früheren Zeiten und stehen für Ungezwungenheit und Gemütlichkeit. In so einem traditionellen Café begrenzt sich das Angebot an Speisen auf **een portie kaas** (_èn porr-ßie kaaß_, eine Portion Käsewürfel) oder **een portie leverworst** (_èn porr-ßie lee-vèr-worrßt_, eine Portion Leberwurstscheiben).

In einem **café** (*kaff-fee*, Café) werden vor allem alkoholische Getränke serviert. Manchmal wird **een portie saté** (*èn porr-ßie ßatt-tee*, eine Portion Saté; das sind Spieße mit gebratenen Hühner- oder Schweinefleischstückchen und warmer Erdnusssoße) oder vielleicht **een portie bitterballen** (*èn porr-ßie bitt-tèr-ball-lèn*, frittierte Bällchen gefüllt mit Fleischragout) als Snack zu den Getränken angeboten.

Wenn Sie etwas trinken wollen, aber auch Hunger haben und sich nicht nur mit einem Snack begnügen wollen, sollten Sie in ein **eetcafé** (*èn eet-kaff-fee*, Café mit Speisekarte) gehen. Dort werden neben den Getränken auch Salate und wechselnde Tagesgerichte in entspannter Atmosphäre angeboten.

Coffeeshops (*koff-fie-schopps*, Coffeeshops) sind Läden und Cafés, in denen der Verkauf und Konsum von Marihuana erlaubt ist. Verwechseln Sie diese nicht mit den in Deutschland üblichen Coffeeshops. In einen niederländischen **coffeeshop** geht man nicht, um nur eine Tasse Kaffee oder Tee zu trinken. Allerdings kann es auch sein, dass Sie als ausländischer Tourist dort nicht mehr eingelassen werden. Grund dafür ist die verschärfte Drogenpolitik in den Niederlanden.

Sobald Sie in den Niederlanden leben und arbeiten, werden Sie Bekanntschaft mit den Essgewohnheiten in der Mittagspause machen. Für die meisten Niederländer bedeutet **de lunch** (*dè lönnsch*, Mittagessen) nichts anderes als das Essen belegter Brote während einer kurzen Arbeitspause. Meistens geschieht das am Arbeitsplatz, oft vor dem Computer.

Größere Firmen haben meistens eine Kantine, Krankenhäuser und Universitäten eine Cafeteria. Diese Dinge können Sie dort bekommen:

✔ **de soep** (*dè ßupp*, die Suppe)

✔ **het broodje kaas** (*hätt broo-tjè kaaß*, das Käsebrötchen)

✔ **het broodje ham** (*hätt broo-tjè hamm*, das Schinkenbrötchen)

✔ **het broodje kroket** (*hätt broo-tjè kroo-kätt*, das Brötchen mit Fleischkrokette)

✔ **de uitsmijter** (*dè èüjt-ßmäij-tèr*, Strammer Max)

✔ **de tosti** (*dè toss-tie*, Toast gefüllt mit Schinken oder Käse)

✔ **de karnemelk** (*dè karr-nè-mällk*, die Buttermilch)

✔ **de appel** (*dè app-pèl*, der Apfel)

Während Frühstück und Mittagessen für viele Niederländer von nicht allzu großer Bedeutung sind, gilt dies nicht für das Abendessen. Auch wenn ein Abendessen zu Hause mitunter sehr einfach ist, im Restaurant sollte man sich dafür schon Zeit nehmen.

Was steht auf der Karte?

Wenn Sie im Restaurant sitzen, ist es an der Zeit zu wählen. Vielleicht möchten Sie ein Drei-Gänge-Menü mit Vor-, Haupt- und Nachspeise? Was auf der Karte steht, hängt natürlich davon ab für welches Restaurant Sie sich entschieden haben, doch die folgenden Gerichte sind häufig auf niederländischen Speisekarten zu finden.

Vorspeisen

Suppen und Salate werden oft als Vorspeisen serviert. Hier eine Auswahl der Suppen, die meistens auf der Karte stehen:

- ✔ **tomatensoep** (*too-maa-tè-ßupp*, Tomatensuppe)

- ✔ **kippensoep** (*kipp-pè-ßupp*, Hühnersuppe)

- ✔ **groentesoep** (*chrun-tè-ßupp*, Gemüsesuppe)

- ✔ **ossenstaartsoep** (*oss-ßè-ßtaart-ßupp*, Ochsenschwanzsuppe)

- ✔ **aspergesoep** (*ass-pärr-zschè-ßupp*, Spargelsuppe)

- ✔ und im Winter, wenn es draußen kalt ist: **erwtensoep** (*ärr-tè-ßupp*) oder **snert** (*ßnärrt*, beides bezeichnet Erbsensuppe)

Andere beliebte Vorspeisen sind:

- ✔ **meloen met ham** (*mè-lun mätt hamm*, Melone mit Schinken)

- ✔ **haring met toast** (*haa-ring mätt tooßt*, Hering mit Toast)

- ✔ **Hollandse garnalen met citroenmayonaise** (*holl-lann-zè charr-naa-lèn mätt ßie-trun-ma-joo-nääh-sè*, Nordseekrabben mit Zitronenmayonnaise)

- ✔ **gestoomde makreel met toast** (*chè-ßtoom-dè mack-kreel mätt tooßt*, gegarte Makrele mit Toast)

- ✔ **gerookte paling met toast** (*chè-rook-tè paa-ling mätt tooßt*, Räucheraal mit Toast)

- ✔ **gemengde salade** (*chè-mäng-dè ßa-laa-dè*, gemischter Salat)

✔ **groene salade met geitekaas** (*chru-nè ßa-laa-dè mätt chäij-tè-kaaß*, Blattsalat mit Ziegenkäse)

✔ **gevulde aubergine** (*chè-völl-dè oo-bèr-zschie-nè*, gefüllte Aubergine)

Hauptspeisen

Traditionellerweise besteht eine Hauptspeise aus Fleisch oder Fisch mit gekochten oder gebratenen Kartoffeln und Gemüse. Manchmal wird ein kleiner Salat dazu serviert, meistens muss er aber extra bestellt werden. Blattsalate werden, auch wenn sie auf der Vorspeisenkarte stehen, zum Hauptgericht gegessen. Hier einige Fleischgerichte:

✔ **biefstuk** (*bief-ßtöck*, Rindersteak)

✔ **kalfsentrecote** (*kallfß-änn-trè-koot*, Entrecote vom Kalb)

✔ **kalfslever met madera** (*kallfß-lee-vèr mätt ma-dee-raa*, Kalbsleber in Madeira)

✔ **lamskoteletten** (*lammß-koo-tè-lätt-tèn*, Lammkoteletts)

Hier noch **gevogelte** (*chè-voo-chèl-tè*, Geflügel):

✔ **Gevulde kalkoen** (*chè-völl-dè kall-kunn*, gefüllte Pute)

✔ **eendenborst** (*een-dè-borrßt*, Entenbrust)

✔ **kip met dragon** (*kipp mätt draa-chonn*, Estragonhühnchen)

✔ **kipfilet** (*kipp-fie-lee*, Hühnerfilet)

Für Liebhaber von Fisch und Meeresfrüchten:

- ✔ **gekookte mosselen** (*chè-kook-tè moss-ßèl-lèn*, gegarte Miesmuscheln)

- ✔ **gebakken tong** (*chè-back-kèn tong*, gebratene Seezunge)

- ✔ **gegrilde tonijn** (*chè-chrill-dè too-näijn*, gegrillter Thunfisch)

- ✔ **gerookte zalm** (*chè-rook-tè sallm*, Räucherlachs)

- ✔ **zeebaars** (*see-baarß*, Seebarsch)

Zu den meisten Gerichten reicht man:

- ✔ **gekookte aardappelen** (*chè-kook-tè aart-app-pèl-lèn*, Salzkartoffeln)

- ✔ **gebakken aardappelen** (*chè-back-kèn aart-app-pèl-lèn*, Bratkartoffeln)

- ✔ **(patat) frites** (*pa-tatt friet*, Pommes)

Nachspeisen

In niederländischen Restaurants bekommen Sie auch immer verschiedene **nagerechten** (*na-chè-räch-tèn*, Nachspeisen) angeboten:

- ✔ **fruitsalade** (*frèüjt-ßa-laa-dè*, Obstsalat)

- ✔ **aardbeien met ijs en slagroom** (*aard-bäij-jèn mätt äijß änn ßlach-room*, Erdbeeren mit Eis und Sahne)

- ✔ **warme appeltaart met ijs en slagroom** (*warr-mè app-pèl-taart mätt äijß änn ßlach-room*, warmer Apfelkuchen mit Eis und Sahne)

✔ **griesmeelpudding met bessensap** (<u>*chriess*</u>*-meel-pödd-ding mätt* <u>*bäss*</u>*-ßèn-ßapp*, Grießpudding mit Beerensaft)

✔ **Flensjes** (<u>*flänn*</u>*-scheß*, Crêpes)

✔ **Chocolademousse** (*schoo-koo-*<u>*laa*</u>*-dè-muss*, Mousse au Chocolat)

Eis mit Früchten und Sahne, **ijs met vruchten en slagroom** (*äijß mätt* <u>*vröch*</u>*-tèn änn* <u>*ßlach*</u>*-room*), ist ein beliebtes Dessert. Andere Nachspeisen sind kleine Törtchen, **taartjes** (<u>*taar-tjèß*</u>), mit einer Tasse Kaffee oder Tee.

Getränke

Bei der Bestellung von **water** (<u>*waa*</u>*-tèr*, Wasser), **spa** (*ßpaa*, Selters) oder **mineraalwater** (*mie-nè-*<u>*raal*</u>*-waa-tèr*, Mineralwasser) haben Sie die Wahl zwischen stillem Wasser und mit Kohlensäure versetztem Wasser. Die Bedienung wird Sie deshalb fragen: **Met of zonder koolzuur?** (*mätt off* <u>*sonn*</u>*-dèr* <u>*kool-süür*</u>, Mit oder ohne Kohlensäure?) Wein wird normalerweise in **een fles** (*èn fläss*, einer Flasche), **een karaf** (*èn ka-*<u>*raff*</u>, einer Karaffe) oder **een glas** (*èn chlass*, einem Glas) angeboten.

Hier einige Getränke, **dranken** (<u>*drang*</u>*-kèn*), die auf der Karte stehen können:

✔ **het bier** (*hätt bier*, das Bier)

✔ **het tapbier** (*hätt* <u>*tapp*</u>*-bier*, das Bier vom Fass)

✔ **het pils** (*hätt pillß*, das Pils)

✔ **de wijn** (*dè wäijn*, der Wein)

✔ **de rode wijn** (*dè* <u>*roo*</u>*-dè wäijn*, der Rotwein)

✔ **de witte wijn** (*dè* <u>*witt*</u>*-tè wäijn*, der Weißwein)

✔ **de rosé** (*dè roo-see*, der Rosé)

✔ **de huiswijn** (*dè hèüjß-wäijn*, der Hauswein)

✔ **de koffie** (*dè koff-fie*, der Kaffee)

✔ **de thee** (*dè tee*, der Tee)

Höflich nachfragen: Das Verb »mogen«

Mogen (dürfen) ist ein Verb, mit dem man etwas höflich erfragen kann. Bei den Singularformen kommt es zu einem Vokalwechsel von **o** zu **a**.

Konjugation	Aussprache
ik mag	*ick mach*
jij mag	*jäij mach*
hij/zij/het mag	*häij/säij/hätt mach*
wij mogen	*wäij moo-chèn*
jullie mogen	*jöll-lie moo-chèn*
zij mogen	*säij moo-chèn*

Sie können das Verb für die folgenden Fragen verwenden:

✔ **Mag ik een glas bier?** (*mach ick èn chlass bier*, Kann ich ein Glas Bier haben?)

✔ **Mag je hier roken?** (*mach jè hier roo-kèn*, Darf man hier rauchen?)

Etwas Außergewöhnliches bestellen

Folgende Fragen könnten Sie brauchen, wenn Sie etwas Besonderes bestellen wollen:

- ✔ **Heeft u vegetarische schotels?** (*heeft ü vee-chè-taa-rie-ße ßchoo-tèlß,* Haben Sie vegetarische Gerichte?)

- ✔ **Heeft u iets zonder varkensvlees?** (*heeft ü ietß sonn-dèr varr-kènß-vleeß,* Haben Sie etwas ohne Schweinefleisch?)

- ✔ **Heeft u schotels voor diabetici?** (*heeft ü ßchoo-tèlß voor die-jaa-bee-tie-ßie,* Haben Sie Gerichte für Diabetiker?)

- ✔ **Heeft u porties voor kinderen?** (*heeft ü porr-ßiess voor kinn-dè-rèn,* Haben Sie auch Kinderportionen?)

Mit Standardfragen umgehen

Während des Essens kommt irgendwann die Bedienung und wird Sie fragen: **Is alles naar wens?** (*iss all-lès naar wännß,* Ist alles nach Wunsch?) Falls Sie dann noch einen besonderen Wunsch haben, können Sie ihn äußern. Andernfalls können Sie antworten: **Dank u, alles is in orde.** (*dangk ü all-lès iss inn orr-dè,* Danke, es ist alles in Ordnung.)

Wenn Sie mit dem Hauptgang fertig sind, wird der Ober wieder an den Tisch kommen und Sie fragen: **Heeft het gesmaakt?** (*heeft èt chè-ßmaakt,* Hat es geschmeckt?) Das ist der Zeitpunkt für eine kritische Bemerkung, falls Sie nicht ganz zufrieden waren. Sie könnten sagen: **Nou, het vlees was een beetje aan de rauwe kant.** (*nau èt vleeß wass èn bee-tjè aan dè rau-wè kannt,* Na ja, das Fleisch schien mir noch ein bisschen roh.) Der Ober könnte erwidern: **Dat had u eerder moeten zeggen, dan hadden we u een medium gebracht!** (*datt *hatt ü <u>eer</u>-dèr <u>mu</u>-tèn <u>säch</u>-chèn dann <u>hadd</u>-dèn wè ü èn <u>mee</u>-die-ömm chè-<u>bracht</u>*, Das hätten Sie früher sagen sollen, dann hätten Sie es medium bekommen!)

Wenn Sie mit allem zufrieden waren oder nichts weiter dazu sagen möchten, reicht ein **Dank u, goed** (*dangk ü chutt*, Danke, gut) oder etwas stärker: **Dank u, erg goed** (*dangk ü ärrch chutt*, Danke, sehr gut) oder wenn Sie begeistert waren: **Dank u, uitstekend** (*dangk ü èüjt-<u>ßtee</u>-kènt*, Danke, ausgezeichnet). Sie können diese Ausdrücke der Zufriedenheit auch in einen Satz betten: **Dank u, het heeft erg goed gesmaakt.** (*dangk ü èt heeft ärrch chutt chè-<u>ßmaakt</u>*, Danke, es hat sehr gut geschmeckt.)

Die Rechnung bitte

In den Niederlanden ist es unüblich, im Restaurant selbst zur Kasse oder zum Tresen zu gehen und dort zu bezahlen. Sie sollten den Ober um **de rekening** (*dè <u>ree</u>-kè-ning*, die Rechnung) bitten. Das könnten Sie wie folgt tun:

✔ **Ik wil graag afrekenen**. (*ick will chraach <u>aff</u>-ree-kè-nèn*, Ich würde gern zahlen.)

✔ **De rekening alstublieft**. (*dè <u>ree</u>-kè-ning all-stü-<u>blieft</u>*, Die Rechnung bitte.)

Man kann zusammen zahlen: **Alles bij elkaar graag.** (*<u>all</u>-lès bäij äll-<u>kaar</u> chraach*, Alles zusammen, bitte.) Oder getrennt abrechnen: **Wij willen graag apart afrekenen.** (*wäij <u>will</u>-lèn chraach a-<u>parrt</u> <u>aff</u>-ree-kè-nèn*, Wir würden gern getrennt zahlen.)

Kleiner Wortschatz

Niederländisch	Aussprache	Deutsch
het glas	*hätt chlass*	das Glas
een portie	*èn porr-ße*	eine Portion
Afrekenen	*aff-ree-kè-nèn*	bezahlen
zonder	*sonn-dèr*	ohne
apart	*a-parrt*	getrennt

Trinkgeld

Der Umgang mit Trinkgeld ist in den Niederlanden vergleichbar mit dem in Deutschland. Die meisten Leute empfinden es als selbstverständlich, die Summe aufzurunden und Trinkgeld zu geben. Falls Sie bar zahlen und der Ober das Wechselgeld herausholt, können Sie sagen: **Maak er … van.** (*maak ärr….vann*, Machen Sie … Euro.), und ihm so ein Trinkgeld von 8 bis 10 Prozent der Summe geben. Oder Sie runden den Betrag selbst auf und legen das Geld passend auf den Tisch mit der Bemerkung: **Zo is het goed** (*so iss èt chutt*, Stimmt so) oder **Het is oké zo** (*hätt iss oo-kee so*, Es ist in Ordnung so).

Falls Sie mit Kreditkarte zahlen, wird man Ihnen den Beleg bringen, auf dem Sie unterschreiben müssen. Sie können ein Trinkgeld bar mit der unterschriebenen Rechnung hinterlassen oder dem Ober vorher sagen: **Maak er … euro van.** (*maak ärr … öh-roo vann*, Machen Sie … Euro.), dann wird die Rechnung aufgerundet.

Ihr eigenes Restaurant zu Hause: Essen zum Mitnehmen

Wenn Sie keine Lust haben, selbst zu kochen, sollten Sie sich nach einem **afhaalchinees** (*aff-haal-schie-neeß*, chinesisch zum Mitnehmen) umschauen. Bei nahezu allen chinesisch-indonesischen Restaurants gibt es Mahlzeiten zum Mitnehmen. Wenn der Supermarkt schon geschlossen hat und Sie nicht mehr zum **avondwinkel** (*aa-vonnt-wing-kèl*, Spätverkauf, den es in größeren Städten gibt) laufen möchten, können Sie auch **een pizzakoerier** (*èn pie-zaa-ku-rier*, einen Pizza-Lieferservice) anrufen und **pizza** (*pie-zaa*, Pizza) oder **spare ribs** (*spärr-rippß*, Spareribs) bestellen.

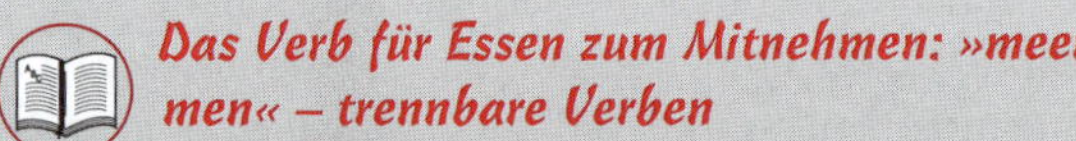

Das Verb für Essen zum Mitnehmen: »meenemen« – trennbare Verben

Wenn Sie im Restaurant die Karte gelesen und Ihre Wahl getroffen haben, könnten Sie zu Ihrem Partner beispielsweise sagen: **Ik neem tomatensoep.** (*ick neem too-maa-tè-ßupp*, Ich nehme Tomatensuppe.) Den gleichen Satz können Sie auch für die Bestellung beim Ober verwenden: **Ik neem tomatensoep en mijn partner neemt meloen met ham.** (*ick neem too-maa-tè-ßupp änn mäijn parrt-nèr neemt mè-lunn mätt hamm*, Ich nehme Tomatensuppe und mein Partner nimmt Melone mit Schinken.)

Das Verb **nemen** (*nee-mèn*) bedeutet »nehmen«. Wenn diesem Verb das Präfix **mee** (*mee*, mit) vorangestellt ist, erhält man das Verb **meenemen** (*mee-nee-mèn*, mitnehmen). Solche Verben nennt man trennbare Verben, da das Präfix bei der Konjugation **ik neem mee** (ich nehme mit) vom Verb getrennt wird. Im Deutschen funktioniert das genauso wie im Niederländischen, Sie werden es also automatisch richtig machen. Ein Verb ist immer dann trennbar, wenn das Präfix betont beziehungsweise eine Präposition wie **op-** (*opp*), **aan-** (*aan*), **uit-** (*èüjt*) – **opbellen** (*opp-bäll-lèn*, anrufen), **aanraken** (*aan-raa-kèn*, anfassen), **uitkleden** (*èüjt-klee-dèn*, ausziehen) –

ist. Bei der Konjugation werden die trennbaren Verben getrennt, wie Sie am Beispiel von **meenemen** sehen können:

Konjugation	Aussprache
ik neem mee	*ick neem mee*
jij neemt mee	*jäij neemt mee*
hij/zij/het neemt mee	*häij/säij/hätt neemt mee*
u neemt mee	*ü neemt mee*
wij nemen mee	*wäij nee-mèn mee*
jullie nemen mee	*jöll-lie nee-mèn mee*
zij nemen mee	*säij nee-mèn mee*

Scheidbare werkwoorden (trennbare Verben) werden im Präsens und im Imperfekt bei der Konjugation getrennt, jedoch nicht im Perfekt (mehr zu den Zeitformen in Kapitel 2).

Lebensmittel einkaufen

Wenn Sie selbst etwas kochen möchten, empfiehlt es sich natürlich, vorher einzukaufen. Hier eine Liste mit Geschäften, in denen Sie unterschiedliche Produkte finden:

✔ **de supermarkt** (*dè SSü-pèr-marrkt*, der Supermarkt)

✔ **de markt** (*dè marrkt*, der Markt)

✔ **de slager** (*dè SSlaa-chèr*, der Fleischer)

✔ **de bakkerij** (*dè back-kèr-räij*, der Bäcker)

✔ **de slijterij** (*dè släij-tèr-räij*, der Spirituosen-/Weinhandel)

✔ **de banketbakkerij** (*dè bang-kätt-back-kèr-räij*, die Patisserie)

✔ **de groenteboer / de groentewinkel** (*dè chrunn-tè-buur / dè chrunn-tè-wing-kèl*, der Gemüsehändler)

✔ **de viswinkel** (*dè viss-wing-kèl*, das Fischgeschäft)

Supermärkte gibt es natürlich überall, jede **buurt** (*büürt*, Wohnviertel) hat einen. Wenn Sie jedoch im Herzen von Amsterdam, Rotterdam oder Den Haag wohnen, werden Sie nicht allzu viele davon finden. Am besten ist es, in der Nähe von Bahnhöfen nach Supermärkten zu suchen.

Hier eine Aufstellung gebräuchlicher Lebensmittel:

✔ **het bruinbrood** (*hätt brèüjn-broot*, das Schwarzbrot)

✔ **het witbrood** (*hätt witt-broot*, das Weißbrot)

✔ **de cake** (*dè keek*, der Rührkuchen)

✔ **het gebak** (*hätt chè-back*, das Gebäck)

✔ **de koekjes** (*dè kuck-jèß*, die Kekse)

✔ **de margarine** (*dè marr-cha-rie-nè*, die Margarine)

✔ **de karnemelk** (*dè karr-nè-mällk*, die Buttermilch)

✔ **de melk** (*dè mällk*, die Milch)

✔ **de room, de slagroom** (*dè room, dè ßlach-room*, die Sahne, die Schlagsahne)

✔ **het rundvlees** (*hätt rönnt-vleeß*, das Rindfleisch)

✔ **het varkensvlees** (*hätt varr-kènß-vleeß*, das Schweine-fleisch)

✔ **de worst** (*dè worrst*, die Wurst)

✔ **de forel** (*dè fo-räll*, die Forelle)

✔ **de kabeljauw** (*dè ka-bèl-jau*, der Kabeljau)

✔ **de zalm** (*dè sallm*, der Lachs)

✔ **de kreeft** (*dè kreeft*, der Krebs/Hummer)

✔ **de aardbei** (*dè aart-bäij*, die Erdbeere)

✔ **de banaan** (*dè ba-naan*, die Banane)

✔ **de peer** (*dè peer*, die Birne)

✔ **de aardappel** (*dè aart-app-pèl*, die Kartoffel)

✔ **de komkommer** (*dè komm-komm-mèr*, die Gurke)

✔ **de knoflook** (*dè knoff-look*, der Knoblauch)

✔ **de kropsla** (*dè kropp-ßlaa*, der Kopfsalat)

✔ **de spinazie** (*dè ßpie-naa-sie*, der Spinat)

✔ **de ui** (*dè èüj*, die Zwiebel)

✔ **de wortel** (*dè worr-tèl*, die Möhre)

✔ **de zuurkool** (*dè süür-kool*, das Sauerkraut)

✔ **de rijst** (*dè räijßt*, der Reis)

Bezahlen und Wechselgeld bekommen

In Supermärkten ist die gängigste Art zu bezahlen inzwischen das **pinnen** (*pinn-nèn*, mit EC-Karte bezahlen). Sie werden überall das Zeichen **PIN** sehen. Aber nur die Karten der niederländischen Banken werden in Supermärkten akzeptiert, das heißt, mit einer deutschen EC-Karte oder einer Kreditkarte können Sie leider nicht bezahlen. Nur wenige sehr große Supermärkte nehmen auch Kreditkarten. Wenn Sie mit Bargeld bezahlen, wird man Sie an der Kasse fragen:

✔ **Heeft u het gepast?** (*heeft ü èt chè-passt*, Haben Sie es passend?)

✔ **Heeft u er misschien een euro bij?** (*heeft ü ärr miss-ßchien een öh-roo bäij*, Haben Sie vielleicht noch einen Euro dazu?)

Und Sie könnten antworten:

✔ **Het spijt me, ik heb niet kleiner.** (*hätt ßpäijt mè ick häpp niet klei-nèr*, Es tut mir leid, ich habe es nicht kleiner.)

✔ **Het spijt me, ik heb helemaal geen kleingeld.** (*hätt ßpäijt mè ick häpp hee-lè-maal cheen klein-chällt*, Es tut mir leid, ich habe gar kein Kleingeld mehr.)

Nachdem Sie bezahlt haben, wird Ihnen das Verkaufspersonal folgende Frage stellen: **Wilt u de bon erbij?** (*willt ü dè bonn ärr-bäij*, Möchten Sie den Kassenzettel?) oder etwas informeller: **Bonnetje erbij?** (*bonn-nè-tjè ärr-bäij*, Kassenzettel dazu?)

Da die Niederländer gern an Aktionen teilnehmen und **zegels sparen** (*see-chèlß ßpaa-rèn*, Rabattmarken sammeln), wird das Kassenpersonal fragen: **Spaart u zegels?** (*ßpaart ü see-chèlß*, Sammeln Sie Marken?) oder: **Zegels erbij?** (*see-chèlß ärr-bäij*, Marken dazu?)

Viele Geschäfte und Tankstellen haben eigene Kundenkarten, mit denen man Punkte sammelt, die sich später in Gutscheine oder Prämien eintauschen lassen. Die beliebteste und am weitesten verbreitete Sammelaktion betrifft Air Miles. Deshalb wird man Sie auch öfters nach dem Einkauf oder dem Tanken fragen: **Wilt u airmiles?** (*willt ü ähr-meilß*, Sammeln Sie Air Miles?)

Lebensmittel auf einem Markt einkaufen

Traditionelle Märkte finden ein- bis zweimal wöchentlich auf öffentlichen Plätzen kleinerer Städte statt. Amsterdam hat einige feste Märkte, die jeden Tag geöffnet sind; der **Albert Cuyp** (*all-bèrt kèüjp*) ist der bekannteste. Es gibt dort viele Stände mit niederländischen und exotischen Waren, sowohl Lebensmittel als auch Kleidung.

Nicht nur auf dem Markt, auch an den Theken der Supermärkte, die oft Brot, Käse und Fleischwaren anbieten, können Sie nach den gewünschten Mengen und Lebensmitteln fragen.

Sie beginnen mit: **Ik wil graag** (*ick will chraach*, Ich möchte gern) und dann weiter mit der gewünschten Menge:

- ✔ **een ons** (*een onnß*, 100 Gramm)

- ✔ **een half pond** (*een hallf ponnt*, 250 Gramm / ein halbes Pfund)

- ✔ **een pond** (*een ponnt*, 500 Gramm / ein Pfund)

- ✔ **anderhalf pond** (<u>*ann*</u>-*dèr-hallf ponnt*, 750 Gramm)

- ✔ **een kilo** (*een <u>kie</u>-loo*, ein Kilogramm)

- ✔ **één stuk, twee stuks** (*een ßtöck, twee ßtöckß*, ein Stück, zwei Stück)

- ✔ **één plak, twee plakken** (*een plack, twee plack-kèn*, eine Scheibe, zwei Scheiben)

Nach der Mengenangabe folgt die Sortenbezeichnung dessen, was Sie sich ausgesucht haben, genau wie im Deutschen:

- ✔ **Ik wil graag een kilo appels.** (*ick will chraach een <u>kie</u>-loo <u>app</u>-pèlß*, Ich möchte gern ein Kilo Äpfel.)

- ✔ **Ik wil graag een pond kaas.** (*ick will chraach een ponnt kaaß*, Ich möchte gern ein Pfund Käse.)

- ✔ **Twee plakken ham graag.** (*twee <u>plack</u>-kèn hamm chraach*, Zwei Scheiben Schinken bitte.)

Darf es etwas mehr sein?

Marktverkäufer versuchen oft, ein wenig mehr zu verkaufen, als ursprünglich vom Kunden gewünscht. Das gilt besonders für leicht verderbliche Waren, die am Ende eines Markttags verkauft sein müssen. Die Frage **Mag het ietsje meer zijn?**

(*mach èt <u>ie</u>-tschè meer säijn*, Darf es etwas mehr sein?) wird beim Abwiegen sicherlich ab und zu gestellt. Wenn Sie zunächst den Preis dafür wissen wollen und er Ihnen noch nicht genannt wurde, können Sie fragen: **Hoeveel kost het dan?** (*<u>hu</u>-veel kosst datt dann*, Wie viel kostet es dann?), und wenn Sie einverstanden sind, können Sie antworten: **Dat is goed.** (*datt iss chutt*, Das ist okay.)

Alles Käse

Der niederländische Käse ist über die Grenzen des Landes hinaus berühmt und beliebt. Die meisten Sorten tragen Namen, die auf ihre Herkunft verweisen. **Edammer** (*ee-<u>damm</u>-mèr*, Käse aus Edam, nördlich von Amsterdam gelegen) ist ein kleiner runder Käse, der von einer roten Wachshaut umgeben ist. **Maaslander** (*<u>maaß</u>-lann-dèr*) ist ein milder Käse mit wenig Salz. **Oud Amsterdam** (*aut amm-ßtèr-<u>damm</u>*) hat einen

kräftigen Geschmack und ist aufgrund seiner Reife sehr salzig. Die meisten Sorten werden in drei Reifegraden angeboten: **jong** (*jong*, jung), **belegen** (*bè-<u>lee</u>-chèn*, mittelalt) und **oud** (*aut*, alt). Der Reifegrad ist abhängig von der Dauer, die ein Käse in der **kaasboerderij** (*<u>kaaß</u>-bur-dèr-räij*, Käsehof, Meierei) oder der **kaasfabriek** (*<u>kaaß</u>-fabriek*, Käsefabrik) gereift ist.

> **In diesem Kapitel**
> - ✔ Die besten Geschäfte zum Einkaufen finden
> - ✔ Kleidung kaufen
> - ✔ Auf etwas hinweisen mit **deze**, **die**, **dit** und **dat**

Winkelen (*wing-kèlen,* einkaufen, bummeln) in einem anderen Land macht nicht nur Spaß, sondern kann neue Einblicke in eine andere Kultur vermitteln, denn beim Einkaufen lassen sich auch allerlei neue Dinge entdecken.

Unterwegs zu den Geschäften

Je nachdem, was Sie suchen und wo Sie unterwegs sind, können Sie eines der folgenden Geschäfte aussuchen:

- ✔ **het warenhuis** (*hätt waa-rèn-hèüjs,* das Kaufhaus)
- ✔ **de speciaalzaak** (*dè ßpee-ßjaal-saak,* das Fachgeschäft) wie zum Beispiel:
  - **de antiquair** (*dè ann-tie-kähr,* der Antiquitätenladen)
  - **de bloemenwinkel** (*dè blu-mèn-wing-kèl,* der Blumenladen)
  - **de boekwinkel** (*dè buck-wing-kèl,* der Buchladen)
  - **de delicatessenwinkel** (*dè dee-lie-kaa-täss-ßèn-wing-kèl,* der Feinkostladen)
  - **de drogisterij** (*dè droo-chiss-tèr-räij,* der Drogeriemarkt)

- **de juwelier** (*dè jü-wè-lier*, der Juwelier)

- **de kledingzaak** (*dè klee-ding-saak*, das Bekleidungsgeschäft)

- **de notenbar** (*dè noo-tèn-barr*, Geschäft für Nüsse und Knabbereien)

- **de parfumerie** (*dè parr-fü-mè-rie*, die Parfümerie)

- **de schoenenzaak** (*dè ßchu-nèn-saak*, das Schuhgeschäft)

- **de sportzaak** (*dè ßporrt-saak*, das Sportgeschäft)

In Wortzusammensetzungen bedeutet das Suffix **-winkel** Laden und **-zaak** steht für Geschäft.

Wenn Sie sich nach den Öffnungszeiten der Geschäfte erkundigen möchten, können Sie folgende Fragen stellen:

✔ **Wanneer is deze winkel open?** (*wann-neer iss dee-se wing-kèl oo-pèn*, Wann ist dieser Laden geöffnet?)

✔ **Wanneer bent u gesloten?** (*wann-neer bännt ü chè-sloo-tèn*, Wann haben Sie geschlossen?)

✔ **Hoe laat sluit u vanavond?** (*hu laat slèüjt ü vann-a-vonnt*, Um wie viel Uhr schließen Sie heute Abend?)

✔ **Bent u open op zondag?** (*bännt ü oo-pèn opp sonn-dach*, Haben Sie am Sonntag geöffnet?)

Im Geschäft

Wenn Sie in einem Kaufhaus Hilfe brauchen, um das Gesuchte zu finden, können Sie bei **de Inlichtingen** (*dèinn-lich-ting-*

èn, die Information) nachfragen. Wenn Sie nach etwas Bestimmtem suchen, können Sie diese Formulierung benutzen und einfach den Plural des gesuchten Artikels einsetzen:

✔ **Waar zijn de ...?** (*waar säijn dè*, Wo sind die ...?)

✔ **Waar zijn de badjassen?** (*waar säijn dè <u>batt</u>-jass-ßèn*, Wo sind die Bademäntel?)

Sie können auch folgende Frageformulierungen verwenden, indem Sie ein Wort im Plural oder Singular einsetzen:

✔ **Waar kan ik ... vinden?** (*waar kann ick ... <u>vinn</u>-dèn*, Wo kann ich ... finden?)

✔ **Waar kan ik de badjassen vinden?** (*waar kann ick dè <u>batt</u>-jass-ßèn <u>vinn</u>-dèn*, Wo kann ich die Bademäntel finden?)

✔ **Waar kan ik een badjas vinden?** (*waar kann ick èn <u>batt</u>-jass vinn-dèn*, Wo kann ich einen Bademantel finden?)

Der Verkäufer wird entweder sagen: **Die verkopen we niet.** (*die vèr-<u>koo</u>-pèn wè niet*, Die führen wir nicht.), oder man wird Sie in die entsprechende Abteilung im Kaufhaus schicken, mit den Worten:

✔ **op de parterre** (*opp dè parr-<u>tärr</u>-rè*, im Erdgeschoss)

✔ **in het souterrain** (*inn èt su-tèr-<u>ränn</u>*, im Untergeschoss)

✔ **op de eerste verdieping** (*opp dè <u>eer</u>-ßte vèr-<u>die</u>-ping*, in der ersten Etage)

✔ **een verdieping hoger** (*een vèr-<u>die</u>-ping <u>hoo</u>-chèr*, eine Etage höher)

✔ **een verdieping lager** (*een vèr-<u>die</u>-ping <u>laa</u>-chèr*, eine Etage tiefer)

Wenn Sie sich in einer Abteilung zunächst einmal ein wenig umschauen möchten, können Sie fragen: **Waar kan ik … vinden?** (*waar kann ick … vin-dèn*, Wo kann ich … finden?) und die Bezeichnung der Abteilung einsetzen:

✔ **huishoudelijke artikelen** (*hèüjs-hau-dè-lè-kè arr-tie-kè-lèn*, Haushaltswaren)

✔ **herenkleding** (*hee-rèn-klee-ding*, Herrenbekleidung)

✔ **dameskleding** (*daa-mès-klee-ding*, Damenbekleidung)

✔ **kinderkleding** (*kinn-dèr-klee-ding*, Kinderbekleidung)

✔ **de schoenenafdeling** (*dè ßchu-nèn-aff-dee-ling*, die Schuhabteilung)

✔ **de parfumerie** (*dè parr-fü-mè-rie*, die Parfümerie)

✔ **de lift** (*dè lifft*, der Lift/Aufzug)

✔ **de roltrap** (*dè roll-trapp*, die Rolltreppe)

Sich helfen lassen

Manchmal ist es hilfreich, wenn das Verkaufspersonal beratend zur Seite steht. Wenn Sie das wünschen, könnten Sie sagen:

✔ **Kunt u mij alstublieft helpen? Ik zoek …** (*könnt ü mäij all-ßtü-blieft häll-pèn? ick suck …* Können Sie mir bitte helfen? Ich suche …)

Wenn der Verkäufer Sie fragt:

✔ **Kan ik u misschien helpen?** (*kann ick ü miss-ßchien häll-pèn*, Kann ich Ihnen vielleicht helfen?)

Können Sie antworten:

✔ **Ja graag, dank u.** (*jaa chraach dangk ü*, Ja gern, vielen Dank.)

Man wird Ihnen folgende Fragen stellen:

✔ **Welke maat zoekt u?** (*wäll-kè maat suckt ü*, Welche Größe suchen Sie?)

✔ **Welke kleur zoekt u?** (*wäll-kè klöhr suckt ü*, Welche Farbe suchen Sie?)

✔ **Hoe vindt u deze kleur?** (*hu vinnt ü dee-sè klöhr*, Wie finden Sie diese Farbe?)

Sich nur mal umschauen

Wenn Sie sich einfach nur umschauen möchten, wird das Verkaufspersonal Sie vielleicht mit dieser Frage ansprechen, um sicher zu sein, dass Sie keine Beratung wünschen:

✔ **Wilt u geholpen worden of rondkijken?** (*willt ü chè-holl-pèn worr-dèn off ronnt-käij-kèn*, Brauchen Sie Hilfe oder möchten Sie sich umschauen?)

In kleineren Geschäften wird man Sie, während Sie sich umschauen, vielleicht auch fragen: **Zoekt u iets speciaals?** (*sukt ü ietß ßpee-ßjaalß*, Suchen Sie etwas Bestimmtes?) Wenn Sie sich aber nur umschauen wollen, können Sie freundlich erwidern:

✔ **Ik wil graag rondkijken.** (*ick will chraach ronnt-käij-kèn*, Ich möchte mich gern umschauen.)

Das Verkaufspersonal wird darauf reagieren:

✔ **Natuurlijk. Zegt u het maar als u een vraag heeft.**
(_na-tür-lèk sächt ü èt maar allß ü èn vraach heeft_,
Natürlich. Melden Sie sich ruhig, wenn Sie eine Frage
haben.)

✔ **Roept u me als u een vraag heeft.** (_rupt ü mè allß ü een
vraach heeft_, Rufen Sie mich, wenn Sie eine Frage
haben.)

Kleiner Wortschatz

Niederländisch	Aussprache	Deutsch
misschien	_miss-ßchien_	vielleicht
de maat	_dè maat_	die Größe
de verdieping	_dè vèr-die-ping_	die Etage
de kleur	_dè klöhr_	die Farbe
rondkijken	_ronnt-käij-kèn_	sich umschauen
of	_off_	oder

Farben

Haben Sie eine Lieblingsfarbe? Hier finden Sie die nieder-
ländischen Bezeichnungen der Grundfarben:

✔ **zwart** (_swarrt_, schwarz)

✔ **wit** (_witt_, weiß)

✔ **rood** (_root_, rot)

✔ **geel** (_cheel_, gelb)

✔ **blauw** (*blau*, blau)

✔ **groen** (*chrun*, grün)

Diese Wörter werden als Adjektive benutzt, das heißt, sie beschreiben das Substantiv, zu dem sie gehören. In der Umschreibung **het blauwe T-shirt** (*hätt blau-wè tie-schörrt*, das blaue T-Shirt) sagt das Adjektiv **blauwe**, dass dieses T-Shirt blau ist. Mehr über den Gebrauch von Adjektiven und deren Stellung im Satz finden Sie in Kapitel 2.

Hinweisen: »deze«, »die«, »dit«, »dat«

In einigen Geschäften können Sie sich nicht selbst bedienen und müssen auf das, was Sie gern hätten, hinweisen. Dazu benötigen Sie die richtigen Wörter, die Demonstrativpronomen »dieses« oder »jenes«. Im Niederländischen gibt es vier Demonstrativpronomen, zwei für **de**-Wörter und zwei für **het**-Wörter.

Wenn sich das Demonstrativpronomen auf ein **de**-Wort bezieht, verwenden Sie immer **deze** (*dee-sè*) oder **die** (*die*):

✔ **de** wird zu **deze** (dieses/diese, hier vorn) oder **die** (jener/jene, dort hinten)

✔ **de pullover** (*dè pull-loo-vèr*, der Pullover) wird zu **deze pullover** (*dee-sè pull-loo-vèr*, dieser Pullover), **die pullover** (*die pull-loo-vèr*, jener Pullover)

Wenn das Wort, auf das Sie sich beziehen, ein **het**-Wort ist, verwenden Sie immer **dit** oder **dat**:

✔ **het** wird zu **dit** (dieses, hier vorn) oder **dat** (jenes, dort hinten)

✔ **het overhemd** (*hätt oo-vèr-hämmt*, das Oberhemd) wird zu **dit overhemd** (*ditt oo-vèr-hämmt*, dieses Oberhemd), **dat overhemd** (*datt oo-vèr-hämmt*, jenes Oberhemd)

Der Plural wird Ihnen keine Probleme bereiten, da alle Wörter im Plural den Artikel **de** erhalten und die **de**-Wörter immer die Demonstrativpronomen **deze** oder **die** erhalten:

✔ **de** wird zu **deze** (diese, hier vorn) oder **die** (jene, dort hinten)

✔ **de pullovers** wird zu **deze pullovers** (*dee-sè pull-loo-vèrß*, diese Pullover), **die pullovers** (*die pull-loo-vèrß*, jene Pullover)

Ein **de**-Wort kann männlich oder weiblich sein, das spielt für das Demonstrativpronomen keine Rolle. Sie

verwenden also unabhängig vom Geschlecht immer **deze** und **die** für Wörter mit dem Artikel **de**:

✔ **de man** wird zu **deze man** (*dee-sè mann*, dieser Mann), **die man** (*die mann*, jener Mann)

✔ **de vrouw** wird zu **deze vrouw** (*dee-sè vrau*, diese Frau), **die vrouw** (*die vrau*, jene Frau)

 Machen Sie es mit den Demonstrativpronomen **deze, die, dit** und **dat** wie die Niederländer: Lassen Sie sich ein wenig Zeit. Hier eine Eselsbrücke, die Ihnen vielleicht bei der Einteilung hilft:

- ✔ **d e**
- ✔ **d eze**
- ✔ **d ie**

Alle drei Demonstrativpronomen fangen mit **d** an. So können Sie sich merken, dass für **d**e-Wörter (de auto) das Demonstrativpronomen **d**eze (deze auto) oder **d**ie (die auto) verwendet wird.

- ✔ **he t**
- ✔ **di t**
- ✔ **da t**

Alle drei Demonstrativpronomen enden mit einem **t**. So können Sie sich merken, dass für he**t**-Wörter (he**t** huisje) das Demonstrativpronomen di**t** (dit huisje) oder da**t** (dat huisje) verwendet wird.

Das Richtige finden

Wenn Sie etwas finden, das Ihnen gefällt, möchten Sie es auch anprobieren. Sie können dem Verkäufer folgende Fragen stellen und die Bezeichnung des betreffenden Artikels einfügen:

- ✔ **Kan ik dit …/deze … passen?** (*kann ick dit / <u>dee</u>-sè <u>pass</u>-ßèn*, Kann ich diese/diesen/dieses … anprobieren?)
- ✔ **Kan ik deze broek passen?** (*kann ick <u>dee</u>-sè bruck <u>pass</u>-ßèn*, Kann ich diese Hose anprobieren?)

Der nächste Satz wird Ihnen ebenfalls helfen:

✔ **Waar zijn de paskamers?** (*waar säijn dè <u>pass</u>-kaa-mèrß*, Wo sind die Umkleidekabinen?)

Wenn man Sie schon bedient, könnten Sie gefragt werden:

✔ **Wilt u dat passen?** (*willt ü datt <u>pass</u>-ßèn*, Möchten Sie das anprobieren?)

Nachdem Sie anprobiert haben, wird Ihnen der Verkäufer folgende Fragen stellen, um herauszufinden, ob Sie zufrieden sind:

✔ **Past het?** (*passt èt*, Passt es?)

✔ **Hoe is het?** (*hu iss èt*, Wie ist es?)

✔ **Wat vindt u ervan?** (*watt vinnt ü ärr-<u>vann</u>*, Wie finden Sie es?)

Sie können eine der folgenden Antworten geben:

✔ **Het is te lang.** (*hätt iss tè lang*, Es ist zu lang.)

✔ **Het is te kort.** (*hätt iss tè kort*, Es ist zu kurz.)

✔ **Het is te groot.** (*hätt iss tè chroot*, Es ist zu groß.)

✔ **Het is te klein** (*hätt iss tè klein*, Es ist zu klein.)

✔ **Ik denk dat ik een grotere (kleinere) maat nodig heb.** (*ick dängk datt ick èn <u>chroo</u>-tè-rè maat <u>noo</u>-dèch häpp*, Ich glaube, ich brauche es eine Nummer größer (kleiner).

✔ **Ik denk dat het prima past.** (*ick dängk datt èt <u>prie</u>-maa passt*, Ich glaube, es passt gut.)

✔ **Ik vind het niet leuk staan.** (*ick vinnt èt niet löhk ßtaan*, Ich finde, es steht mir nicht gut.)

✔ **Ik vind het niet mooi.** (*ick vinnt èt niet mooij*, Ich finde es nicht schön.)

✔ **Ik heb liever de andere kleur.** (*ick häpp <u>lie</u>-vèr dè <u>ann</u>-dè-rè klöhr*, Ich möchte lieber die andere Farbe.)

✔ **Ik neem dit.** (*ick neem ditt*, Ich nehme dieses.)

✔ **Ik koop dit.** (*ick koop ditt*, Ich kaufe dieses.)

Kleiner Wortschatz

Niederländisch	Aussprache	Deutsch
iets nodig hebben	*ietß <u>noo</u>-dèch häbb-bèn*	etwas brauchen
de paskamer	*dè <u>pass</u>-kaa-mèr*	die Umkleidekabine
passen	*<u>pass</u>-ßèn*	anprobieren, passen
leuk	*löhk*	nett, schön, toll
mooi	*mooij*	schön
vinden	*<u>vinn</u>-dèn*	finden

»de«- und »het«-Wörter durch ein Pronomen ersetzen

Wenn Sie über **de**-Wörter sprechen, ohne sie direkt zu erwähnen, können Sie sie mit **hij** ersetzen.

✔ **De blouse kost 45, Euro** (*dè bluss kosst <u>väijf</u>-èn-veer-tèch <u>öh</u>-roo*, Die Bluse kostet 45 Euro.)

✔ **Hij kost 45 Euro.** (*häij kosst <u>väijf</u>-èn-veer-tèch <u>öh</u>-roo*, Sie kostet 45 Euro.)

In der Übersetzung sehen Sie, dass **hij** (*häij*) nicht mit »er« übersetzt wurde, da das Substantiv »Bluse« im Deutschen weiblich ist und man deshalb »sie« sagt, wenn die Bluse gemeint ist. Im Niederländischen ist das Substantiv **blouse** (*blus*) zwar auch weiblich, die Niederländer sind sich des Geschlechts der Substantive jedoch nicht bewusst. Für **de**-Wörter wird als Objektform also immer **hij** (*häij*) beziehungsweise **hem** (*hämm*) verwendet. Dies gilt allerdings nicht, wenn ein **de**-Wort ein natürliches Geschlecht hat, wie zum Beispiel **de vrouw** (*dè vrau*, die Frau) oder **de kat** (*dè katt*, die Katze).

Wenn Sie über **het**-Wörter sprechen, ohne sie dabei direkt zu erwähnen, können Sie sie mit **het** ersetzen:

✔ **Het T-shirt kost 20 Euro.** (*hätt schörrt kosst <u>twinn</u>-tèch <u>öhr</u>-roo*, Das T-Shirt kostet 20 Euro.)

✔ **Het kost 20 Euro.** (*hätt kosst twinn-tèch <u>öh</u>-roo*, Es kostet 20 Euro.)

In diesem Kapitel

- ✔ Ins Kino gehen
- ✔ Zu einem Konzert gehen
- ✔ Eingeladen werden
- ✔ Erholung außerhalb der Stadt
- ✔ Sport, Sport und noch mal Sport

Egal ob Sie nun ins Kino, ins Museum oder Sport treiben wollen, Ihre Freizeit bietet die perfekte Gelegenheit, die Niederländer und ihre Kultur noch besser kennenzulernen.

Was wollen wir machen?

Wenn Sie besprechen, was man unternehmen könnte, fragen Sie: **Wat zullen we gaan doen?** (*watt <u>söll</u>-lèn wè chaan dun*, Was wollen wir machen?)

Hier ein paar Fragen, mit denen Sie herausfinden können, welche Absichten Ihr Gegenüber hat. Sie können diese Fragen aber auch stellen, um zu erfahren, ob der andere Zeit hat.

- ✔ **Heb je iets te doen?** (*häpp jè ietß tè dun*, Hast du was zu tun?)

- ✔ **Heb je speciale plannen voor morgenavond?** (*häpp jè ßpee-<u>ßjaa</u>-lè <u>plann</u>-nèn voor morr-chèn-<u>naa</u>-vonnt*, Hast du morgen Abend schon etwas vor?)

- ✔ **Heb je vanavond tijd?** (*häpp jè vann-<u>naa</u>-vonnt täijt*, Hast du heute Abend Zeit?)

Das Verb zum Thema Ausgehen: »uitgaan«

Uitgaan (*èüjt-chaan*, ausgehen) ist ein trennbares Verb, mit dem man ausdrückt, dass man abends etwas in der Stadt unternehmen möchte. Abhängig vom Alter und den Interessen kann es **uit eten gaan** (*èüjt ee-tèn chaan*, essen gehen), **naar de bioscoop gaan** (*naar dè bie-joss-koop chaan*, ins Kino gehen), **naar het theater gaan** (*naar èt tee-jaa-tèr chaan*, ins Theater gehen), **een festival bezoeken** (*èn fäss-tie-vall bè-su-kèn*, ein Festival besuchen), **iets drinken in een café** (*ietß dring-kèn inn èn ka-fee*, in einem Café etwas trinken gehen) oder **een terrasje pakken** (*èn tärr-rass-schè pack-kèn*, draußen / auf einer Terrasse / etwas trinken) bedeuten. Wenn Sie das nächste Mal darüber sprechen, was man unternehmen könnte, fragen Sie einfach:

✔ **Zullen we vanavond uitgaan?** (*söll-lèn wè vann-naa-vonnt èüjt-chaan*, Wollen wir heute Abend ausgehen?)

✔ **Waar zullen we vanavond uitgaan?** (*waar söll-lèn wè vann-naa-vonnt èüjt-chaan*, Wo sollen wir heute Abend ausgehen?)

Ins Kino gehen

Wenn Sie sich einen Film ansehen wollen, haben Sie in den großen Städten die Qual der Wahl. Große Kinos bieten in fünf oder sechs Sälen gleichzeitig verschiedene Filme an, sei es **een sciencefictionfilm** (*èn ßei-jènß fick-schèn fillm*, ein Science-Fiction-Film), **een misdaadfilm** (*èn miss-daat-fillm*, ein Krimi), **een psychologisch drama** (*èn pßie-choo-loo-chieß draa-maa*, ein Psychodrama), **een romantische film** (*èn roo-mann-tie-ßè fillm*, ein romantischer Film), **een thriller** (*èn trill-lèr*, ein Thriller) oder **een drama** (*èn draa-maa*, ein Drama).

Sind Sie mit Ihrem Kind unterwegs? Dann schauen Sie sich **een kinderfilm** (*èn kinn-dèr-fillm*, einen Kinderfilm), **een tekenfilm** (*èn tee-kèn-fillm*, einen Zeichentrickfilm), **een avonturenfilm** (*èn aa-vonn-tü-rèn-fillm*, einen Abenteuerfilm) oder **een komedie** (*èn ko-mee-die*, eine Komödie) an.

Wenn Sie das nächste Mal einen Kinobesuch planen, sagen Sie:

✔ **Ik wil graag naar de bioscoop.** (*ick will chraach naar dè bie-joss-koop*, Ich möchte gern ins Kino.)

✔ **Ik wil graag een film zien.** (*ick will chraach èn fillm sien*, Ich möchte gern einen Film sehen.)

Wenn Sie beschlossen haben, ins Kino zu gehen, und Sie sich einen bestimmten Film ansehen möchten, können Sie fragen:

✔ **In welke bioscoop draait …?** (*inn wäll-kè bie-joss-koop draaijt …*, In welchem Kino läuft …?)

✔ **Hoe laat begint de voorstelling?** (*hu laat bè-chinnt dè voor-ßtäll-ling*, Wann fängt die Vorstellung an?)

Eintrittskarten kaufen

Bei vielen Kinos empfiehlt es sich, Karten zu reservieren und sie vor Beginn der Vorstellung abzuholen. Wenn Sie Ihre Karten erst kurz bevor **de voorstelling begint** (*dè voor-ßtäll-ling be-chinnt*, die Vorstellung beginnt) kaufen, kann es passieren, dass der Film **uitverkocht** (*èüjt-vèr-kocht*, ausverkauft) ist.

Wenn Sie telefonisch Karten reservieren, probieren Sie einmal diese Formulierung aus:

✔ **Ik wil graag kaartjes reserveren voor …** (*ick will chraach <u>kaar</u>-tjèß ree-ßèr-<u>vee</u>-rèn voor*, Ich möchte gern Karten reservieren für …)

Eine andere Möglichkeit ist: **in de rij staan voor een kaartje** (*inn dè räij ßtaan voor èn <u>kaar</u>-tjè*, sich für eine Karte anstellen). Wenn Sie an die Kasse kommen, werden Sie vielleicht einen dieser Sätze hören:

✔ **De voorstelling is al begonnen.** (*dè <u>voor</u>-ßtäll-ling iss all be-<u>chonn</u>-nèn*, Die Vorstellung hat schon angefangen.)

✔ **De voorstelling is uitverkocht.** (*dè <u>voor</u>-ßtäll-ling iss <u>èüjt</u>-vèr-kocht*, Die Vorstellung ist ausverkauft.)

✔ **We hebben nog kaartjes voor de voorstelling van 9.00 uur.** (*wè <u>häbb</u>-bèn noch <u>kaar</u>-tjèß voor dè <u>voor</u>-ßtäll-ling vann <u>nee</u>-chèn üür*, Wir haben noch Karten für die Neun-Uhr-Vorstellung.)

Diese Sätze gelten nicht nur für einen Kinobesuch, sie lassen sich auch auf andere Veranstaltung anwenden.

Sich auf Festivals und Konzerten vergnügen

Die meisten Städte, nicht nur die größeren, haben eigene **festivals** (*<u>fäss</u>-tie-vallß*, Festivals) und **evenementen** (*ee-vè-nè-<u>männ</u>-tèn*, Veranstaltungen) verschiedener Genres, die in den Sommermonaten stattfinden.

In Amsterdam gibt es im Sommer ein paar kostenlose Open-Air-Konzerte, darunter das berühmte **Prinsengrachtconcert** (*prinn-ßén-<u>chracht</u>-konn-ßärrt*) mit klassischer Musik. Das Konzert findet im August statt, und zwar auf einem schwimmenden Podium auf **de gracht** (*dè chracht*, dem Kanal). Hunderte Liebhaber klassischer Musik drängen sich auf Booten in einer besonders stimmungsvollen Atmosphäre rund um das Podium, um die Musik zu genießen. Am Ende des Konzerts singt das Publikum die alte Amsterdamer Schnulze *Tulpen aus Amsterdam* (*<u>töll</u>-pèn èüjt amm-ßtèr-<u>damm</u>*). Das Konzert wird vom niederländischen Fernsehen übertragen.

Im Januar trifft sich in Rotterdam alljährlich die Filmwelt beim **International Film Festival**. Die meisten der dort vorgestellten Filme werden später eher in **filmhuizen** (*<u>fillm</u>-hèüj-sèn*, Programmkinos) gezeigt.

Diese Veranstaltungen sind nur eine kleine Auswahl der Festivals und Konzerte in den Niederlanden. Halten Sie die Augen und Ohren offen, wenn Sie in den Niederlanden sind, es lohnt sich.

Museen besuchen

Museen gibt es in jeder Stadt. In den großen Städten finden Sie die bedeutenden Museen mit ihren berühmten Sammlungen klassischer und moderner Kunst. In den kleineren Städten und Dörfern gibt es Museen, die traditionellen Handwerken oder lokalen Besonderheiten und Persönlichkeiten gewidmet sind.

Het Rijksmuseum (*hätt <u>räijkß</u>-mü-see-jömm*, das Reichsmuseum) in Amsterdam besitzt eine große Sammlung **schilderijen** (*ßchill-dèr-<u>räij</u>-jèn*, Gemälde) der berühmten niederländischen Maler des **Gouden Eeuw** (*<u>chau</u>-dèn eejuh*, Goldene

Zeitalter) wie zum Beispiel Rembrandt und dessen Zeitgenossen. Ganz in der Nähe befinden sich **het Van Gogh Museum** (*hätt vann-choch mü-see-jömm*, das Van Gogh Museum) und **het Stedelijk Museum** (*hätt ßtee-dè-lèk mü-see-jömm*, das Städtische Museum).

Museum Boijmans van Beuningen (*mü-see-jömm booij-mannß vann böh-ning-èn*) in Rotterdam zeigt nicht nur **meesterwerken** (*mee-ßtèr-wärr-kèn*, Meisterwerke) der Klassik und Moderne, sondern auch **beeldhouwkunst** (*beelt-hau-könnßt*, Skulpturen).

De museumjaarkaart (*dè mü-see-jömm-jaar-kaart*, Jahreskarte für Museen) kostet nur 35 Euro und kann über das Internet oder direkt an der Museumskasse erworben werden. Sie berechtigt zu freiem oder zumindest ermäßigtem Eintritt zu mehr als 400 Museen in den Niederlanden.

Seine Meinung sagen

Zum Thema »gute Unterhaltung« scheint jeder eine eigene Meinung zu haben, warum sollten Sie sich also diesen Spaß entgehen lassen?

Mit dieser Formulierung fragen Sie jemanden nach seiner Meinung über eine Veranstaltung:

✔ **Hoe vond je de film / tentoonstelling / het concert / de opera?** (*hu vonnt jè dè fillm / dè tänn-toon-ßtäll-ling / hätt konn-ßärrt / dè oo-pè-raa*, Wie fandst du den Film / die Ausstellung / das Konzert / die Oper?)

Nun kommt der unterhaltsame Teil: Sie sagen jemandem, wie Sie die soeben gesehene Vorstellung finden. Für Niederländisch-Anfänger genügt es zu sagen, ob sie das Gebotene gut oder schlecht fanden. Probieren Sie es einmal mit diesen Formulierungen:

✔ **Ik vond de film / de tentoonstelling / het concert / de opera erg mooi.** (*ick vonnt dè fillm / dè tänn-toon-ßtäll-ling / hätt konn-ßärrt / dè oo-pè-raa ärrch mooij*, Ich fand den Film / die Ausstellung / das Konzert / die Oper sehr schön.)

✔ **Ik vond de film / de tentoonstelling / het concert / de opera niet erg mooi.** (*ick vonnt dè fillm / dè tänn-toon-ßtäll-ling / hätt konn-ßärrt / dè oo-pè-raa niet ärrch mooij*, Ich fand den Film / die Ausstellung / das Konzert / die Oper nicht so schön.)

Diese Aussage könnten Sie weiter ausbauen. Beginnen Sie mit:

✔ **De film / de tentoonstelling / het concert / de opera was …** (*dè fillm / dè tänn-toon-ßtäll-ling / hätt konn-ßärrt / dè oo-pè-raa wass …*, Der Film / die Ausstellung / das Konzert / die Oper war …)

Danach können Sie den Satz durch Hinzufügen eines dieser Adjektive beenden; wenn Sie mehrere Adjektive verwenden, verbinden Sie diese mit **en**:

✔ **echt mooi** (*ächt mooij*, wirklich schön)

✔ **opwindend** (*opp-winn-dènt*, aufregend)

✔ **fantastisch** (*fann-tass-tieß*, fantastisch)

✔ **te gek** (*tè chäck*, ganz toll)

✔ **interessant** (*inn-tè-räss-ßannt*, interessant)

✔ **de moeite waard** (*dè <u>muij</u>-tè waart*, lohnend)

✔ **teleurstellend** (*tè-löhr-<u>ßtäll</u>-lènt*, enttäuschend)

✔ **saai** (*ßaaij*, langweilig)

✔ **De film / de tentoonstelling / het concert / de opera viel tegen.** (*dè fillm / dè tänn-<u>toon</u>-ßtäll-ling / hätt konn-<u>ßärrt</u> / dè <u>oo</u>-pè-raa viel <u>tee</u>-chèn*, Der Film / die Ausstellung / das Konzert / die Oper war nicht so gut wie erhofft.)

✔ **Het was een hele zit.** (*hätt wass èn <u>hee</u>-lè sitt*, Es war sehr lang.)

✔ **Opera is niets voor mij.** (*<u>oo</u>-pè-raa iss nietß voor mäij*, Oper ist nichts für mich.)

Zu einer Party gehen

So verschieden die Menschen sind, so unterschiedlich sind auch die Meinungen darüber, was eine gute Party ausmacht. Manche Menschen planen schon Monate vorher ihre Party bis ins kleinste Detail, während andere ihre Feste am liebsten ganz spontan feiern und jeder eingeladen ist: Familie, Freunde, Nachbarn oder Kollegen.

Wenn Sie eine eher förmliche Einladung zu jemandem nach Hause erhalten, ist es höflich, dem Gastgeber ein kleines Geschenk zu überreichen. Das kann eine Flasche Wein oder ein Strauß Blumen sein.

Wenn Sie eine schriftliche **uitnodiging** (*<u>èüjt</u>-noo-di-ching*, Einladung) bekommen haben, sollten Sie darauf achten, ob man von Ihnen **RSVP** erwartet. Das ist die Abkürzung für

»répondez s'il vous plaît«, was aus dem Französischen stammt und bedeutet, dass man von Ihnen eine Zu- oder Absage erwartet.

Wenn Sie zu einem eher ungezwungenen Fest eingeladen werden, ist es üblich, als Gast etwas zur Party beizutragen. Das kann eine Flasche Wein, ein Salat oder ein Kuchen sein. Der Gastgeber wird Ihnen das vorher signalisieren, Sie können aber auch selbst die Initiative ergreifen: **Moet ik wat meenemen?** (*mutt ick watt <u>mee</u>-nee-mèn*, Soll ich etwas mitbringen?)

Geburtstage sind immer ein Anlass für ein ungezwungenes Beisammensein: **een verjaardagsfeestje** (*èn vèr-<u>jaar</u>-dachß-fee-schè*, eine Geburtstagsfeier) oder **een verjaardag** (*èn vèr-<u>jaar</u>-dach*, Geburtstag). Dazu werden Sie mündlich eingeladen, entweder ein paar Tage vorher oder am Tag selbst.

 Bei einer typisch niederländischen Geburtstagsfeier gratulieren die Niederländer nicht nur dem Geburtstagskind, sondern auch dessen Familie, das heißt den Geschwistern, den Eltern oder dem Lebenspartner.

Eingeladen werden

Wenn Sie **een uitnodiging voor een feestje** (*èn <u>èüjt</u>-noo-di-ching voor èn <u>fee</u>-schè*, eine Einladung zu einem Fest) bekommen, hören Sie vielleicht einen dieser Sätze:

✔ **Ik wil je graag uitnodigen voor een feestje.** (*ick will jè chraach <u>èüjt</u>-noo-di-chèn voor èn <u>fee</u>-schè*, Ich möchte dich gern zu einem Fest einladen.)

✔ **Ik geef een feestje, vind je het leuk om te komen?** (*ick cheef èn <u>fee</u>-schè vinnt jè èt löhk omm tè <u>koo</u>-mèn*, Ich gebe ein Fest, hast du Lust zu kommen?)

Bevor Sie zusagen können, müssen Sie zunächst wissen, wo und wann das Fest stattfinden soll. Um das zu erfahren, fragen Sie einfach:

✔ **Wanneer is het feest?** (*wann-<u>neer</u> iss èt <u>feest</u>*, Wann ist das Fest?)

✔ **Waar is het feest?** (*waar iss èt feest*, Wo ist das Fest?)

Wenn Sie eine Einladung nicht annehmen können oder wollen, gibt es verschiedene Möglichkeiten, dankend abzusagen:

✔ **Nee, het spijt me, ik kan niet komen.** (*nee èt ßpäijt mè ick kann niet <u>koo</u>-mèn*, Nein tut mir leid, ich kann nicht kommen.)

✔ **Nee, ik kan niet komen, ik heb al iets anders.** (*nee ick kann niet <u>koo</u>-mèn ick häpp all ietß <u>ann</u>-dèrß*, Nein, ich kann nicht kommen. Ich habe schon etwas anderes vor.)

Wenn die Umstände es zulassen und Sie zusagen möchten, können Sie das mit einem der folgenden Sätze tun:

✔ **Dank je. Ik neem de uitnodiging graag aan.** (*dangk jè. ick neem dè <u>èüjt</u>-noo-di-ching chraach aan*, Vielen Dank. Ich nehme die Einladung gern an.)

✔ **Oké, ik vind het leuk om te komen. Moet ik iets meenemen?** (*oo-kee ick vinnt èt löhk omm tè <u>koo</u>-mèn*, Schön, ich komme gern. Soll ich etwas mitbringen?)

Auf die Frage, ob Sie etwas mitbringen sollen, könnte Ihnen der Gastgeber antworten:

✔ **Nee, het is niet nodig om iets mee te nemen. Voor eten en drinken wordt gezorgd.** (*nee èt iss niet noo-dèch omm ietß mee tè nee-mèn. voor ee-tèn änn dring-kèn worrt chè-sorrcht*, Nein, das ist nicht nötig. Für Essen und Trinken ist gesorgt.)

✔ **Het zou leuk zijn als je een salade meenam.** (*èt sau löhk säijn alls jè èn ßa-laa-dè mee-namm*, Es wäre schön, wenn du einen Salat mitbringen könntest.)

Kleiner Wortschatz

Niederländisch	Aussprache	Deutsch
de uitnodiging	*dè èüjt-noo-di-ching*	die Einladung
het feest	*hätt feest*	die Feier, das Fest
de verjaardag	*dè vèr-jaar-dach*	der Geburtstag
nodig	*noo-dèch*	nötig, notwendig

Über Interessen und Hobbys sprechen

Wenn Sie nun auf einer Party sind, werden Sie im Verlauf eines Gesprächs vielleicht nach Ihren Hobbys und persönlichen Interessen gefragt. Hier finden Sie die nötigen Vokabeln und Redewendungen, um antworten zu können.

Wenn Sie über Ihre Hobby sprechen wollen, beginnen Sie mit

✔ **Mijn hobby is …** (*mäijn hobb-bie iss …*, Mein Hobby ist …)

und vervollständigen dann den Satz mit der entsprechenden Tätigkeit:

✔ **koken** (*koo-kèn*, Kochen)

✔ **tuinieren** (*tèüj-nie-rèn*, Gärtnern)

✔ **doe-het-zelven** (*du-èt-säll-fèn*, Heimwerken)

✔ **tekenen** (*tee-kè-nèn*, Zeichnen)

✔ **schilderen** (*ßchill-dè-rèn*, Malen)

Jonge gezinnen (*jong-è chè-sinn-nèn*, junge Familien) und **drukke mensen** (*dröck-kè männ-ßèn*, stark beschäftigte Menschen) haben wenig Zeit für Hobbys. Wenn Sie sie fragen, was sie in ihrer Freizeit machen, antworten sie vielleicht:

✔ **Ik onstpan me met televisiekijken.** (*ick onnt-ßpann mè mätt tee-lè-vie-sie käij-kèn*, Ich entspanne mich vorm Fernseher.)

✔ **Ik vermaak me met de kinderen.** (*ick vèr-maak mè mätt dè kinn-dè-rèn*, Ich unternehme etwas mit den Kindern.)

✔ **Ik verwen mezelf met een sauna.** (*ick vèr-wänn mè-sällf mätt een ßau-naa*, Ich verwöhne mich und gehe in die Sauna.)

✔ **Ik veroorloof me een ochtend op het voetbalveld.** (*ick vèr-oor-loof mè èn och-tènt opp èt vutt-ball-vällt*, Ich gönne mir einen Vormittag auf dem Fußballplatz.)

Reflexive Verben: »zich ontspannen«

Einige niederländische Verben sind reflexiv, das heißt, sie sind fest mit einem Reflexivpronomen (rückbezügliches Fürwort) wie **zich** (*sich*, sich), **me** (*mè*, mir/mich), **je** (*jè*, dir/dich), **ons** (*ons*, uns) oder **je** (*jè*, euch) verbunden. Man nennt diese Verben **wederkerende werkwoorden** oder reflexive Verben. Hier die Konjugation des Verbs **zich ontspannen** (*sich ont-spann-nèn,* sich entspannen):

Konjugation	Aussprache
ik ontspan me	*ick onnt-ßpann mè*
jij ontspant je	*jäij onnt-ßpannt jè*
hij ontspant zich	*häij onnt-ßpannt sich*
zij ontspant zich	*säij onnt-ßpannt sich*
u ontspant zich	*ü onnt-ßpannt sich*
wij ontspannen ons	*wäij onnt-ßpann-nèn onnß*
jullie ontspannen je	*jöll-lie onnt-ßpann-nèn jè*
zij ontspannen zich	*säij onnt-ßpann-nèn sich*

Die am häufigsten gebrauchten reflexiven Verben im Niederländischen sind **zich schamen** (*sich ßchaa-mèn,* sich schämen), **zich vergissen** (*sich vèr-chiss-sèn,* sich irren), **zich vervelen** (*sich vèr-vee-lèn,* sich langweilen), **zich herinneren** (*sich härr-rinn-nè-rèn,* sich erinnern), **zich bemoeien met** (*sich bè-mui-jèn mätt,* sich einmischen) und **zich gedragen** (*sich chè-draa-chèn,* sich benehmen):

✔ **Ik schaam me vreselijk.** (*ick ßchaam mè <u>vree</u>-sè-lèk*, Ich schäme mich schrecklich.)

✔ **Je vergist je.** (*jè vèr-<u>chisst</u> jè*, Du irrst dich.)

✔ **Ik herinner me zijn naam.** (*ick härr-<u>rinn</u>-nèr mè säijn naam*, Ich erinnere mich an seinen Namen.)

✔ **Ik verveel me nooit.** (*ick vèr-<u>veel</u> mè nooijt*, Ich langweile mich nie.)

✔ **Ik bemoei met niet met haar zaken.** (*ick bè-<u>muij</u> mè niet mätt haar <u>saa</u>-kèn*, Ich mische mich nicht in ihre Angelegenheiten ein.)

✔ **Gedraag je!** (*chè-<u>draach</u> jè*, Benimm dich!)

Niederländisch	Aussprache	Deutsch
de hobby	*dè <u>hobb</u>-bie*	das Hobby
verwennen	*vèr-<u>wänn</u>-nèn*	verwöhnen
vreselijk	*<u>vree</u>-sè-lèk*	schrecklich, furchtbar
nooit	*nooijt*	nie, niemals
zich vermaaken	*sich vèr-<u>maa</u>-kèn*	sich unterhalten, amüsieren

Sport, Sport und nochmals Sport

Sport ist auch in den Niederlanden eine beliebte Freizeitaktivität. Viele Niederländer sind Mitglied in einer **sportschool** (*dè <u>ßporrt</u>-ßchool*, Sportclub), die sie mehrmals die Woche besuchen.

Die beliebteste Sportart: »voetbal«

Männer wollen nicht nur **voetbal kijken** (*vutt*-ball *käij*-kèn, Fußball im Fernsehen sehen), sondern auch selbst **voetballen** (*vutt*-ball-lèn, Fußball spielen). Jugendliche fangen an mit dem **voetbal spelen**, wenn sie vier Jahre alt sind und ihre Eltern am Fußballfeldrand stehen. Fußball im Fernsehen während **de Europese kampioenschappen** (*dè öh-roo-pee-ßè kamm-pie-jun-ßchapp-pèn*, die Europameisterschaft) oder **de Wereldkampioenschappen** (*dè wee-rèlt- kamm-pie-jun-ßchapp-pèn*, die Weltmeisterschaft) ist ein Massenphänomen, bei dem auch die niederländischen Frauen ihren Männern Gesellschaft leisten.

Wenn Sie sich für Fußball interessieren, werden diese Fragen für Sie von Interesse sein:

✔ **Wie spelen er vanavond?** (*wie ßpee-lèn ärr vann-naa-vonnt*, Wer spielt heute Abend?)

✔ **Wie zitten er in de finale?** (*wie sit-tèn ärr in dè fie-naa-lè*, Wer ist im Finale?)

✔ **Zal Nederland/Duitsland vanavond winnen?** (*sall nee-dèr-lannt/dèüjtß-lannt vann-naa-vonnt winn-nèn*, Werden die Niederlande / Wird Deutschland heute Abend gewinnen?)

Wenn Sie sich am nächsten Tag erkundigen, wie das Spiel war, hören Sie vielleicht:

✔ **De wedstrijd was** (*dè wätt-ßträijt wass*, Das Spiel war):

  • **spannend** (*ßpann-nènt*, spannend)

  • **waardeloos** (*waar-dè-looß*, hoffnungslos schlecht)

✔ und die bevorzugte Mannschaft:

- **... heeft gewonnen** (... *heeft chè-<u>wonn</u>-nèn*, ... hat gewonnen)

- **... heeft verloren** (... *heeft vèr-<u>loo</u>-rèn*, ... hat verloren)

- **... gaat door naar de finale** (... *chaat door naar dè fie-<u>naa</u>-lè*, ... kommt ins Finale)

Auf dem Boot: »varen en zeilen«

Varen (*<u>vaa</u>-rèn*, Boot fahren) und besonders **zeilen** (*<u>säij</u>-lèn*, segeln) erfordern **inzicht** (*<u>inn</u>-sicht*, Einsicht), **vooruitzien** (*voor-<u>èüjt</u>-sien*, Voraussicht) und **reactiesnelheid** (*ree-jack-ßie-ßnäll-häijt*, Reaktionsschnelligkeit). Viele Niederländer haben **een boot** (*èn boot*, ein Boot) oder **een schip** (*èn ßchipp*, eine Jacht), auf dem beziehungsweise der sie jedes **week-einde/weekend** (*<u>week</u>-äijn-dè/<u>wieck</u>-ännt*, Wochenende) von April bis September verbringen. Während **het weekend** ist das Boot meistens in den Gewässern um den **haven** (*dè <u>haa</u>-vèn*, Hafen) unterwegs, in den Ferien erkunden die Freizeitkapitäne der etwas größeren Boote aber auch die entfernter gelegenen niederländischen, belgischen, französischen oder britischen **wateren** (*<u>waa</u>-tè-rèn*, Gewässer) und **zeeën** (*<u>see</u>-jèn*, Meere).

Sportarten, die aus dem Englischen kommen

Im Niederländischen gibt es relativ viele Sportarten, die ursprünglich aus dem Englischen stammen. Schauen Sie sich einmal das Beispiel **racen** (*<u>ree</u>-ßèn*, Rennen fahren) an:

Konjugation	Aussprache
racen	_ree_-ßèn
ik race	_ick reeß_
jij racet	_jäij reeßt_
hij/zij/het racet	_häij/säij/hätt reeßt_
u racet	_ü reeßt_
wij racen	_wäij ree_-ßèn
jullie racen	_jöll_-lie _ree_-ßèn
zij racen	_säij ree_-ßèn

Anstelle von **hockey spelen** (_hock-kie ßpee-lèn_, Hockey spielen) werden Sie auch auf das Verb **hockeyen** (_hock-kie-jèn_) stoßen, bei dem aus einem Substantiv ein Verb gebildet wurde, das den gleichen Regeln folgt.

Golfen (_chol-fèn_, Golf spielen), **tennissen** (_tänn-niss-ßèn_, Tennis spielen) und **joggen** (_dschogg-gèn_, laufen/joggen) werden ebenfalls nach dem gleichen Prinzip gebildet und gebeugt. Zum Abschluss des Trainings wird Ihr Trainer vielleicht zu Ihnen sagen:

✔ **Nu gaan we stretchen.** (_nü chaan wè ßträh-tschèn_, Jetzt machen wir ein paar Dehnungsübungen.)

Und Sie sagen danach:

✔ **Ik voel me heel relaxed.** (_ick vull mè heel rie-läckßt_, Ich fühle mich ganz entspannt).

Kommunikation, nicht nur im Büro

> **In diesem Kapitel**
> - ✔ Telefonieren und E-Mails schreiben
> - ✔ Der Umgang mit den Kollegen

Sicher möchten Sie auch in der Lage sein, telefonisch oder per E-Mail zu verschiedenen Themen mit anderen Menschen in Kontakt zu treten. Wenn Sie in den Niederlanden arbeiten oder Geschäftskontakte in die Niederlande haben, sind diese Kommunikationsformen besonders wichtig für Sie.

Telefonieren

Mobieltjes (*moo-biel-tjèß*) oder **GSM's** (*chee-äss-ämmß*, Handys) haben die Umgangsformen beim Telefonieren verändert. Wenn es sich um privat genutzte Handys handelt, melden sich die Besitzer nur mit dem Vornamen, wenn sie **een telefoontje krijgen** (*èn tee-lè-foon-tjè kräij-chèn*, einen Anruf erhalten). Um auszudrücken, dass man anrufen möchte oder dass man angerufen wird, reicht das Verb **bellen** (*bäll-lèn*) oder die etwas längere Form dieses Verbs **opbellen** (*opp-bäll-lèn*, anrufen). **Ik bel je** (*ick bäll jè*, ich rufe dich an) oder **we bellen** (*wè bäll-lèn*, wir telefonieren) ist inzwischen eine Floskel beim Abschied geworden.

Konjugation	Aussprache
ik bel	*ick bäll*
jij belt	*jäij bällt*
hij/zij/het belt	*häij/säij/hätt bällt*
u belt	*ü bällt*
wij bellen	*wäij bäll-lèn*
jullie bellen	*jöll-lie bäll-lèn*
zij bellen	*säij bäll-lèn*

Opbellen (*opp-bäll-lèn*, anrufen) ist ein sogenanntes trennbares Verb, das im Präsens und im Imperfekt in zwei Wortteile zerlegt wird. Abhängig von der Wortfolge im Satz können weitere Wörter zwischen diese beiden Teile geschoben werden. Im Deutschen funktioniert das genauso, daher werden Sie es automatisch richtig machen:

✔ **Ik bel hem op.** (*ick bäll hämm opp*, Ich rufe ihn an.)

✔ **Jij belt haar vaak op.** (*jäij bällt haar vaak opp*, Du rufst sie oft an.)

Die Objektformen des Personalpronomens

Die geläufigsten Formen des Personalpronomens sind die, bei denen das Personalpronomen als Subjekt verwendet wird. Das geschieht immer am Satzanfang und in Verbindung mit einem Verb: **ik** (*ick*, ich), **jij/je** (*jäij/jè*, du), **hij** (*häij*, er), **zij/ze** (*säij/sè*, sie), **u** (*ü*, Sie), **wij/we** (*wäij/wè*, wir), **jullie** (*jöll-lie*, ihr), **zij/ze** (*säij/sè*, sie). Personalpronomen können innerhalb eines Satzes jedoch (wie im Deutschen) unterschiedliche

Funktionen haben. Schauen Sie sich an, was passiert, wenn das Personalpronomen nicht mehr die Funktion des Subjekts in einem Satz hat, sondern die des Objekts und somit an das Ende des Satzes wandert:

Subjektform	Objektform	Beispiel
ik	mij, me	**Cilla belt me.** (*ßill-laa bällt mè, Cilla ruft mich an.*)
jij/je	jou, je	**Cilla belt je.** (*ßill-laa bällt jè, Cilla ruft dich an.*)
hij	hem	**Cilla belt hem.** (*ßill-laa bällt hämm, Cilla ruft ihn an.*)
zij	haar	**Cilla belt haar.** (*ßill-laa bällt haar, Cilla ruft sie an.*)
u	u	**Cilla belt u.** (*ßill-laa bällt ü, Cilla ruft Sie an.*)
wij	ons	**Cilla belt ons.** (*ßill-laa bällt onnß, Cilla ruft uns an.*)
jullie	jullie, je	**Cilla belt jullie.** (*ßill-laa bällt jöll-lie, Cilla ruft euch an.*)
zij/ze	hen, ze	**Cilla belt hen / Cilla belt ze.** (*ßill-laa bällt hänn / ßill-laa bällt sè, Cilla ruft sie an.*)

Die Objektformen des Personalpronomens werden auch nach einer Präposition benutzt. Mehr dazu finden Sie in Kapitel 4.

Ein Telefongespräch annehmen

Viele Menschen haben ein **mobieltje van de zaak** (*moo-biel-tjè vann dè saak*, ein dienstliches Handy), das sie aber auch für private Telefongespräche nutzen. Wenn sie einen dienstlichen Anruf erwarten, werden sie sich mit dem Namen der Firma gefolgt von ihrem vollständigen Namen melden: **Biz Accountants, Raymond van Dieren** (*biss èk-kaun-tèntß ree-monnt vann die-rèn*, Biz Accountants, Raymond van Dieren).

Ältere Menschen und Personen in Führungspositionen nennen nur ihren Nachnamen: **Lease Consult, Van der Jagt** (*lies konn-ßöllt vann därr jacht*, Lease Consult, Van der Jagt).

Mitarbeiter eines Sekretariats oder einer Rezeption beginnen immer mit **Goedemorgen** (*chu-dè-morr-chèn*, Guten Morgen) oder **goedemiddag** (*chu-dè-midd-dach*, Guten Tag): **Goedemorgen, Lease Consult, Cilla Vermeent** (*chu-dè-morr-chèn lies konn-söllt ßill-laa vèr-meent*, Guten Morgen, Lease Consult, Cilla Vermeent).

Jemanden anrufen

Wenn Sie jemanden zu Hause anrufen und der Gewünschte nicht gleich am Telefon ist, müssen Sie nach ihm fragen und sich mit Ihrem Namen melden:

✔ **Hallo, met René.** (*hall-loo mätt rè-nee*, Hallo, hier ist René.)

Dann fragen Sie:

✔ **Is Sandra thuis?** (*iss ßann-draa tèüjß*, Ist Sandra zu Hause?)

✔ **Kan ik Sandra spreken?** (*kann ick ßann-draa ßpree-kèn*, Kann ich Sandra sprechen?)

In einem dienstlichen Gespräch werden Sie sich förmlicher melden, indem Sie zum Beispiel erst »Guten Tag« sagen:

✔ **Goedemorgen, met Raymond van Dieren** (*chu-dè-<u>morr</u>-chèn mätt <u>ree</u>-monnt vann <u>die</u>-ren*, Guten Morgen, Raymond van Dieren)

Meistens wird bei einem dienstlichen Gespräch nach der gewünschten Person so gefragt:

✔ **Is de heer … aanwezig?** (*iss dè heer… aan-<u>wee</u>-sèch*, Ist Herr … da?)

✔ **Is mevrouw … bereikbaar?** (*iss mè-<u>vrau</u> <u>harrß</u>-kammp bè-<u>räijk</u>-baar*, Ist Frau … zu sprechen?)

Nachdem Sie bei einer Firma oder Behörde angerufen und Ihr Anliegen vorgetragen haben, wird man Sie mit der zuständigen Person verbinden oder Ihnen in etwa so antworten:

✔ **Daar spreekt u mee.** (*daar ßpreekt ü mee*, Mit dem/der sprechen Sie.)

✔ **Ik verbind u door.** (*ick vèr-<u>binnt</u> ü door*, Ich stelle Sie durch.)

✔ **Een momentje alstublieft, ik verbind u door.** (*èn moo-<u>männ</u>-tjè all-ßtü-<u>blieft</u> ick vèr-<u>binnt</u> ü door*, Einen Augenblick bitte, ich verbinde.)

✔ **De lijn is bezet.** (*dè läijn iss bè-<u>sätt</u>*, Die Leitung ist besetzt.)

Eine Nachricht hinterlassen

Leider ist es oft nicht möglich, gleich beim ersten Versuch denjenigen zu erreichen, mit dem man sprechen möchte. Sie werden dann einen der folgenden Sätze hören:

✔ **Mevrouw … is op dit moment aan de telefoon, wilt u wachten?** (*mè-vrau … iss opp ditt moo-männt aan dè tee-lè-foon willt ü wach-tèn*, Frau … telefoniert gerade, möchten Sie warten?)

✔ **Mevrouw … is telefonisch in gesprek.** (*mè-vrau … iss tee-lè-foo-nieß inn chè-ßpräck*, Frau … spricht noch.)

✔ **Mevrouw … is in bespreking. Kunt u over een uur terugbellen?** (*mè-vrau … iss inn bè-ßpree-king. könnt ü oo-vèr èn üür tröch-bäll-lèn*, Frau … ist in einer Besprechung. Können Sie in einer Stunde noch einmal anrufen?)

Bei großen Firmen muss man es mit seinem Anruf noch mal versuchen, wenn man die gewünschte Person nicht erreicht hat. Bei kleineren Unternehmen kann man mitunter auch eine Nachricht hinterlassen. Dann wird eine dieser Redewendungen für Sie nützlich sein:

✔ **Kan ik een bericht voor … achterlaten?** (*kann ick èn bèricht voor haar ach-tèr-laa-tèn*, Kann ich eine Nachricht für … hinterlassen?)

✔ **Mevrouw … kan me bereiken op nummer …** (*mè-vrau … kann mè bè-räij-kèn opp nömm-mèr …*, Frau … kann mich unter … erreichen.)

Diese Wendungen helfen Ihnen weiter, wenn die Verbindung nicht in Ordnung ist:

✔ **Het is een slechte lijn.** (*hätt iss èn ßläch-tè läijn*, Die Verbindung ist schlecht.)

✔ **Ik versta u slecht.** (*ick vèr-ßtaa ü ßlächt*, Ich kann Sie schlecht verstehen.)

Termine vereinbaren

Immer mehr Geschäfte werden telefonisch beziehungsweise per E-Mail abgewickelt, aber manchmal ist es auch notwendig, sich persönlich zu verabreden und miteinander zu sprechen. Hier ein paar einleitende Sätze, um einen Termin zu vereinbaren:

✔ **Ik wil graag een afspraak maken.** (*ick will chraach èn aff-ßpraak maa-kèn*, Ich würde gern einen Termin vereinbaren.)

✔ **Kan ik mijn afspraak verzetten?** (*kann ick mäijn aff-ßpraak vèr-sätt-tèn*, Kann ich meinen Termin verschieben?)

Und mögliche Antworten darauf sind:

✔ **Wanneer komt het u uit?** (*wann-neer kommt èt ü èüjt*, Wann passt es Ihnen?)

✔ **Wat denkt u van woensdag elf uur?** (*watt dängkt ü vann wunß-dach ällf uür*, Wie wäre es mit Mittwoch, elf Uhr?)

✔ **Er is deze week geen ruimte meer voor een afspraak.** (*ärr iss dee-sè week cheen rèüjm-tè meer voor èn aff-ßpraak*, In dieser Woche ist kein Termin mehr möglich.)

✔ **De eerste gelegenheid is volgende week.** (*dè eer-ßte chè-lee-chèn-häijt iss voll-chèn-dè week*, Der erste mögliche Termin ist nächste Woche.)

Kleiner Wortschatz

Niederländisch	Aussprache	Deutsch
bereiken	*bè-räij-kèn*	erreichen
het nummer	*hätt nömm-mèr*	nachher, später
de afspraak	*dè aff-ßpraak*	der Termin
wachten	*wach-tèn*	warten

Zwei besondere Verben: »kunnen« und »zullen«

Kunnen (*könn-nèn*, können) und **zullen** (*söll-lèn,* sollen, wollen) sind unregelmäßige Verben. Da man sie jedoch sehr oft benutzt, werden Sie sie bald beherrschen:

kunnen	*könn-nèn*	zullen	*söll-lèn*
ik kann	*ick kann*	ik zal	*ick sall*
jij kan /jij kunt	*jäij kann / jäij könnt*	jij zal/ zult	*jäij sall / jäij söllt*
u kunt	*ü könnt*	u zult	*ü söllt*
hij/het kan	*häij/hätt kann*	hij/het zal	*häij/hätt sall*
wij kunnen	*wäij könn-nèn*	wij zullen	*wäij söll-lèn*
jullie kunnen	*jöll-lie könn-nèn*	jullie zullen	*jöll-lie söll-lèn*
zij kunnen	*säij könn-nèn*	zij zullen	*säij söll-lèn*

Diese beiden Verben werden sehr oft, aber nicht immer als Hilfsverb in Verbindung mit einem anderen Vollverb oder einem Infinitiv gebraucht:

✔ **Kan ik mijn afspraak verzetten?** (*kann ick mäijn aff-ßpraak vèr-sätt-tèn*, Kann ich meinen Termin verschieben?)

✔ **Ik zal eens kijken.** (*ick sall ènß käij-kèn*, Ich muss mal schauen.)

Nach den gleichen Regeln können auch die Verben **willen** (*will-lèn*, möchten, wollen) und **mogen** (*moo-chèn*, dürfen) verwendet werden:

✔ **Ik wil een afspraak maken.** (*ick will èn aff-ßpraak maa-kèn*, Ich möchte einen Termin machen.)

✔ **Mag ik u iets vragen?** (*mach ick ü ietß vraa-chèn*, Darf ich Sie etwas fragen?)

In den oben genannten Sätzen lauten die Infinitive der Verben **verzetten, kijken, maken** und **vragen** und sie stehen immer am Satzende.

Sich am Telefon verabschieden

Wenn Sie sich am Telefon verabschieden, können Sie **tot horens** (*tott hoo-rènß,* Auf Wiederhören) oder einfach **dag** (*dach*, Guten Tag) sagen. Diese Verabschiedungen sind eher informell. Im dienstlichen Umfeld verabschiedet man sich etwas anders, beispielsweise: **tot woensdag** (*tott wunß-dach*, bis Mittwoch) oder: **goedemiddag** (*chu-dè-midd-dach*, Guten Tag (nachmittags)) oder etwas persönlicher: **prettige dag nog** (*prätt-tè-chè dach noch*, einen schönen Tag noch).

E-Mails schreiben

In vielen Branchen laufen die Kommunikation und die Informationsbeschaffung fast ausschließlich über das Internet. Dienstliche E-Mails sind in den Niederlanden kurz und bündig formuliert.

Folgende Anreden sind höflich und neutral, sie können für jede Gelegenheit verwendet werden:

✔ **Geachte heer Van Dieren / Geachte mevrouw Vermeent,** (*chè-<u>ach</u>-tè heer vann <u>die</u>-rèn / chè-<u>ach</u>-tè mè-<u>vrau</u> vèr-<u>meent</u>*, Sehr geehrter Herr van Dieren / Sehr geehrte Frau Vermeent,)

Wenn Sie die Person nicht kennen, benutzen Sie:

✔ **Geachte heer/mevrouw,** (*chè-<u>ach</u>-tè heer/mè-<u>vrau</u>*, Sehr geehrte Damen und Herren,)

Ein zu lockerer Umgangsstil könnte Ihren Geschäftskontakten schaden. Auch wenn der Umgang unter Niederländern oft sehr zwanglos erscheint, wird immer eine gewisse Distanz gewahrt, um gegebenenfalls rein geschäftlich reagieren zu können. Viele Geschäftspartner nennen einander beim Vornamen und sagen **je** (*jè*, du) zueinander. Wenn es aber zu schriftlichen Angeboten oder Geschäftsabschlüssen kommt, ist der Ton formell und man spricht sich mit **u** (*ü*, Sie) und in seiner Funktion an. Daher werden Verträge und amtliche Dokumente immer als Anhang zu einer E-Mail verschickt und nicht als E-Mail selbst.

Wenn Sie mit Ihrem Geschäftspartner zwar per Du sind, jedoch eine gewisse Distanz wahren wollen, eignet sich diese Anrede in der E-Mail:

✔ **Raymond,** (*<u>ree</u>-monnt*, Raymond,)

Wenn Sie sich zu mehr Vertraulichkeit veranlasst sehen oder die angesprochene Person ohnehin zu Ihrem Bekanntenkreis gehört, wählen Sie folgende Anrede:

✔ **Beste Raymond, / Beste Cilla,** (*bäss-tè _ree_-monnt / bäss-tè _ßill_-laa*, Lieber Raymond, / Liebe Cilla,)

Niederländer gliedern gern ihren Text, indem sie zwischen jedem Inhaltspunkt eine Leerzeile lassen.

Nicht alle E-Mails bedürfen einer Antwort. Viele Menschen benutzen im geschäftlichen E-Mail-Verkehr deshalb die Option **leesbevestiging** (*_leeß_-bè-väss-tè-ching*, Lesebestätigung). Wenn der Empfänger diese anklickt, weiß der Absender, dass seine E-Mail gelesen wurde. Mit einer dieser Wendungen können Sie Ihre E-Mail beenden:

✔ **Met vriendelijke groet,** (*mätt _vrien_-dè-lè-kè chrutt*, Mit freundlichem Gruß)

✔ **Vriendelijke groeten,** (*_vrien_-dè-lè-kè _chru_-tèn*, Mit freundlichen Grüßen)

✔ **Groeten,** (*_chru_-tèn*, Grüße) und, nur in E-Mails verwendet und nicht besonders herzlich, **Groet,** (*_chrutt_*, Gruß)

✔ **Groetjes,** (*_chru_-tjèß*, Liebe Grüße) wird unter Freunden und Verwandten benutzt

Im Büro

Die meisten Firmen haben **een kantoor** (*èn kann-_toor_*, ein Büro). Wenn Sie Ihr Haus verlassen, um dorthin zu gehen, können Sie sagen: **Ik ga naar kantoor.** (*ick chaa naar kann-toor*, Ich gehe ins Büro) Wenn Sie gefragt werden, was Sie machen werden, könnten Sie sagen: **Ik ben tot vanavond negen**

uur op kantoor. (*ick bänn tott vann-naa-vonnt <u>nee</u>-chèn üür opp kann-<u>toor</u>*, Ich bin heute Abend bis neun Uhr im Büro.)

Kaffeetrinken

In vielen Büros ist der Kaffeeautomat der Ort, an dem man Kollegen treffen und sich kurz miteinander unterhalten kann. In manchen Büros gehört es zum guten Ton folgende Frage zu stellen:

✔ **Zal ik u/je een kopje koffie brengen?** (*sall ick ü/jè èn kopp-pjè <u>koff</u>-fie <u>bräng</u>-èn*, Soll ich Ihnen/dir eine Tasse Kaffee mitbringen?)

Kaffeetrinken bietet eine willkommene und angenehme Unterbrechung des Tagesablaufs und die Möglichkeit einer kurzen Unterhaltung mit Kollegen. Die Niederländer nennen solche positiven, angenehmen Momente des Zusammenseins **gezellig** (*chè-<u>säll</u>-lèch*, wörtlich: gemütlich). Es muss aber nicht nur solch ein Moment sein, fast alles kann **gezellig** sein: Ein Abend kann **een gezellige avond** (*èn chè-<u>säll</u>-lè-chè <u>aa</u>-vonnt*, ein netter Abend), eine Person **een gezellige prater** (*èn chè-<u>säll</u>-lè-chè <u>praa</u>-tèr*, ein unterhaltsamer Erzähler), die Bedienung im Café **een gezellige vrouw** (*èn chè-<u>säll</u>-lè-chè vrau*, eine nette Frau) und ein Raum **een gezellige kamer** (*èn chè-<u>säll</u>-lè-chè <u>kaa</u>-mèr*, ein gemütliches Zimmer) sein. Frischverliebte sagen mitunter auch: **We hebben het zo gezellig samen.** (*wè <u>häbb</u>-bèn èt soo chè-<u>säll</u>-lèch ßaa-mèn*, Wir haben es so schön miteinander.)

Niederländer schwatzen gern mit einer Tasse Kaffee in der Hand: **gezellig kletsen met een kopje koffie** (*chè-<u>säll</u>-lèch <u>klätt</u>-zèn mätt èn kopp-pjè <u>koff</u>-fie*). Um diesem Gefühl der **gezelligheid** noch mehr Ausdruck zu verleihen, verwenden die

Niederländer sehr viele Diminutive, die man nicht immer mit Verkleinerungsformen ins Deutsche übersetzen kann, da sie sonst lächerlich wirken würden. Im Grunde genommen fügt man einem Wort, das auf einen Konsonanten endet, nur ein -**je** hinzu:

✔ **het kopje koffie** (*hätt* <u>*kopp*</u>-*pjè* <u>*koff*</u>-*fie*, das Tässchen Kaffee)

✔ **het leuke feestje** (*hätt* <u>*löh*</u>-*kè* <u>*fee*</u>-*schè*, die schöne Party)

✔ **het gezellige hoekje** (*hèt chè-*<u>*sel*</u>*-li-chè* <u>*huk*</u>*-jè*, die gemütliche Ecke)

✔ **een ritje in uw nieuwe auto** (*èn* <u>*ritt*</u>*-tjè inn üu* <u>*nieju*</u>*-wè* <u>*oo*</u>*-too*, eine kleine Fahrt, eine Spritztour in Ihrem neuen Auto)

Beachten Sie, dass alle Diminutive **het**-Wörter sind!

Etwas tun: Das Verb »doen«

Arbeiten bedeutet, etwas zu tun. Wie fast alle häufig verwendeten Verben ist auch **doen** (*dun*, tun) ein unregelmäßiges Verb:

Konjugation	Aussprache
ik doe	*ick du*
Jij doet	*jäij dutt*
hij, zij, het doet	*häij/säij/hätt dutt*
u doet	*ü dutt*
wij doen	*wäij dunn*
jullie doen	<u>*jöll*</u>*-lie dunn*
zij doen	*säij dunn*

Diese Sätze zeigen Ihnen den Gebrauch des Verbs **doen**:

- ✔ **Zij doet haar e-mail twee keer per dag.** (*säij dutt haar ie-meel twee keer pärr dach*, Sie kümmert sich zweimal am Tag um ihre E-Mails.)

- ✔ **Ik doe 's ochtends het meest.** (*ick du ßoch-tèntß èt meeßt*, Ich mache morgens das meiste.)

- ✔ **Wil je dat alsjeblieft voor me doen?** (*will jè datt all-schè-blieft voor mè dunn*, Würdest du das bitte für mich tun?)

»Maken«: Das Verb zum Thema Machen

Obwohl die Bedeutung der Kommunikation im Büro zunimmt, bleibt die Produktion weiterhin sehr wichtig. Und um darüber sprechen zu können, brauchen Sie das Verb **maken** (*ma-kèn*, machen). Dieses Verb ist zwar regelmäßig, es bedarf jedoch einer Anpassung in der Schreibweise, damit der Klang des Stammvokals **a** bei der Konjugation erhalten bleibt:

Konjugation	Aussprache
ik maak	*ick maak*
jij maakt	*jäij maakt*
hij/zij/het maakt	*häij/säij/hätt maakt*
wij maken	*wäij maa-kèn*
jullie maken	*jöll-lie maa-kèn*
zij maken	*säij maa-kèn*

Englische Verben bei der Arbeit

Auch im Bereich Arbeit finden immer mehr Verben englischen Ursprungs Eingang in den niederländischen Sprachgebrauch: **printen** (_prinn_-tèn, drucken), **faxen** (_fack_-ßèn, faxen), **plannen** (_plänn_-nèn, planen) sind nur einige Beispiele. Erläuterungen zur Konjugation englischer Verben im Niederländischen finden Sie in Kapitel 7. Diese Sätze verdeutlichen Ihnen den Gebrauch dieser Verben:

- ✔ **Ik print mijn rapport wel op de printer boven.** (_ick prinnt mäijn rapp-porrt wäll op dè prinn-tèr boo-vèn_, Ich drucke meinen Bericht dann auf dem Drucker oben aus.)

- ✔ **Cilla faxt de getekende overeenkomst naar Nadine van Lease Consult.** (_ßill-laa fackßt dè chè-tee-kèn-dè oo-vèr-een-kommßt naar naa-dien vann ließ konn-ßöllt_, Cilla faxt den unterschriebenen Vertrag an Nadine von Lease Consult.)

Begrüßung und Abschied

Wie man sich begrüßt oder verabschiedet, hängt sowohl von der Art des Unternehmens als auch vom sozialen Status der Person ab. Unter gleichrangigen Kollegen ist jede Begrüßung möglich: **hallo** (_hall-loo_, Hallo), **hoi** (_heu_, Hi), **dag** (_dach_, Grüß dich) oder **goeiemorgen** (_chu-jè-morr-chèn_, Guten Morgen).

Wenn ein formellerer Umgang von Ihnen erwartet wird, empfiehlt sich **goedemorgen** (_chu-dè-morr-chèn_, Guten Morgen) unter Hinzufügung des Namens der Person, die Sie grüßen: **Goedemorgen Petra** (_chu-dè-morr-chèn pee-traa_) oder: **Goe-**

demorgen mevrouw Harskamp (*chu-dè-morr-chèn mè-vrau harrß-kammp*).

Wenn Sie gehen, genügt ein informelles **dag!** (*dach*, Tschüss!). Oder, sehr informell, **doei!** (*duij*, Mach's gut) und in manchen Gegenden ein **doei doei** (*duij duij*), das ebenfalls sehr informell ist. Manche Begrüßungen und Verabschiedungen werden entweder lokal bedingt oder abhängig vom sozialen Umfeld benutzt, wie das vertrauliche **doeg** (*duch*), das man nur unter Freunden verwendet. Gut zu wissen ist, dass im Norden der Niederlande **hoi** gesagt wird, wenn man weggeht, während **hoi** in den übrigen Teilen des Landes »Hallo« zur Begrüßung bedeutet. In manchen Gegenden im Süden des Landes ist **houdoe** (*hau-du*) sehr beliebt. Achten Sie am besten darauf, was die anderen sagen, und passen Sie sich den Gegebenheiten an. **Tot morgen** (*tott morr-chèn*) und **prettig weekend** (*prätt-tèch wieck-kännt*) versteht man überall.

Wenn Sie gleichzeitig formell, freundlich und persönlich sein wollen, ist **Dag Cilla** (*dach ßill-laa*), **Dag mevrouw Vermeent** (*dach mè-vrau vèr-meent*), **Tot morgen Cilla** (*tott morr-chèn ßill-laa*) oder **Tot morgen mevrouw Vermeent** (*tott morr-chèn me-vrau vèr-meent*) das Richtige.

In diesem Kapitel werden Sie mit Bus und Bahn, Auto und Flugzeug reisen und unterwegs nach dem Weg oder der Richtung auf Niederländisch fragen. Wer dennoch befürchtet, sich zu verirren, dem wird dieses Kapitel helfen, wieder auf den richtigen Weg zu kommen.

Am Flughafen

Amsterdam Schiphol ist ein Großflughafen, das bedeutet, dass die Wege zwischen der Empfangshalle und den Gates sehr weit sein können, planen Sie daher immer genügend Zeit ein, wenn Sie dort sind.

Sie sind also am Flughafen und haben **het ticket** (*hätt tick-kèt*, das Ticket) und vermutlich auch **het retourticket** (*hätt rè-tur-tick-kèt*, das Rückflugticket) für **de retourvlucht** (*dè rè-tur-vlöcht*, den Rückflug) erhalten. Wenn Sie einchecken, bekommen Sie Ihre **instapkaart** (*inn-ßtapp-kaart*, Bordkarte).

Wenn Sie Ihr Ticket noch nicht haben, werden Sie zunächst einmal zum Ticketschalter gehen und dort Ihre Reise-Unterlagen abholen. Wenn Sie den Schalter nicht finden, fragen Sie jemanden:

✔ **Waar is de ticketbalie?** (*waar iss dè <u>tick</u>-kèt-baa-lie*, Wo ist der Ticketschalter?)

Wenn Sie dort angekommen sind, sagen Sie:

✔ **Ik kom mijn ticket ophalen.** (*ick komm mäijn <u>tick</u>-kèt <u>opp</u>-haa-lèn*, Ich möchte mein Ticket abholen.)

Wenn Sie Ihr Ticket erhalten haben, möchten Sie vielleicht wissen: **Hoeveel mag ik meenemen?** (*<u>hu</u>-veel mach ick <u>mee</u>-nee-mèn*, Wie viel darf ich mitnehmen?) oder **Hoeveel kilo is toegestaan?** (*hu-veel <u>kie</u>-loo iss <u>tu</u>-chè-ßtaan*, Wie viele Kilo sind erlaubt?), um herauszufinden, wie viel Handgepäck Sie ins Flugzeug mitnehmen dürfen.

Beim Check-in

Beim Einchecken wird **het grondpersoneel** (*hätt <u>chronnt</u>-pärr-ßoo-neel*, das Bodenpersonal) Ihnen diese Fragen stellen:

✔ **Heeft u bagage?** (*heeft ü ba-<u>chaa</u>-zschè*, Haben Sie Gepäck?)

✔ **Wilt u uw bagage op de band zetten?** (*willt ü üu ba-<u>chaa</u>-zschè opp dè bannt <u>sätt</u>-tèn*, Würden Sie das Gepäck bitte auf das Band stellen?)

✔ **Is dit uw handbagage?** (*iss ditt üu <u>hannt</u>-ba-chaa-zschè*, Ist das Ihr Handgepäck?)

Nach dem Wiegen Ihres Gepäcks wird man Ihnen vielleicht Folgendes sagen:

✔ **Uw overbagage is twee kilo.** (*üu <u>oo</u>-vèr-ba-chaa-zschè iss twee <u>kie</u>-loo*, Sie haben zwei Kilo Übergepäck.)

✔ **Uw overbagagetarief is 50 euro.** (*üu oo-vèr-ba-chaa-zschè taa-rief iss väijf-tèch öh-roo*, Ihr Übergepäck kostet 50 Euro.)

Beim Ausstellen Ihrer Bordkarte wird man Sie sicherlich fragen:

✔ **Wilt u bij het raam zitten of bij het gangpad?** (*willt ü bäij èt raam sitt-tèn off bäij èt chang-patt*, Möchten Sie am Fenster sitzen oder am Gang?)

Als Antwort auf diese Frage erwidern Sie einfach **bij het raam** (*bäij èt raam*, am Fenster) oder **bij het gangpad** (*bäij èt chang-patt*, am Gang).

Wenn Sie am Flughafen sind, um jemanden abzuholen:

✔ **Wanneer komt het vliegtuig uit Berlijn aan?** (*wann-neer kommt èt vliech-tèüjch èüjt bärr-läijn aan*, Wann kommt das Flugzeug aus Berlin an?)

✔ **Heeft het vliegtuig vertraging?** (*heeft èt vliech-tèüjch vèr-traa-ching*, Hat das Flugzeug Verspätung?)

Durch die Passkontrolle gehen

Wenn Sie an Ihrem Zielflughafen angekommen sind, müssen Sie zunächst durch **de paspoortcontrole** (*dè pass-poort-konn-tro-lè*, die Passkontrolle). Es gibt dort zwei Reihen: eine für **EU-onderdanen** (*eeh-ü -onn-dèr-daa-nèn*, EU-Bürger) und eine für **niet-EU-onderdanen** (*niet-eeh-ü -onn-dèr-daa-nèn*, Nicht-EU-Bürger). Wenn Sie durch die Passkontrolle gegangen sind, bekommen Sie Ihr Gepäck und gehen zur **douane-afhandeling** (*du-waa-nè-aff-hann-dè-ling*, Zollkontrolle).

Wenn Sie endlich an Ihrem Ziel angekommen sind, möchten Sie den Flughafen natürlich so schnell wie möglich verlassen. Diese Vokabeln können Ihnen helfen, wenn Sie durch **de pascontrole** (*dè pass-konn-tro-lè*, die Passkontrolle) gehen:

✔ **het paspoort** (*hätt <u>pass</u>-poort*, der Pass)

✔ **onderdaan van de Europese Unie** (*<u>onn</u>-dèr-daan vann dè öh-roo-pee-ßè ü-nie*, Bürger der Europäischen Union)

✔ **andere nationaliteiten** (*<u>ann</u>-dè-rè na-ßioo-naa-lie-<u>täij</u>-tèn*, andere Nationalitäten)

Sollten Sie nach dem Zweck Ihres Aufenthalts gefragt werden, können Sie mit einem der folgenden Sätze antworten:

✔ **Ik ben hier voor een vakantie.** (*ick bänn hier voor èn va-<u>kann</u>-zie*, Ich mache hier Urlaub.)

✔ **Ik ben hier voor zaken.** (*ick bänn hier voor <u>saa</u>-kèn*, Ich habe hier geschäftlich zu tun.)

✔ **Ik ben op doorreis naar Amerika.** (*ick bänn opp <u>door</u>-räijß naar a-<u>mee</u>-rie-kaa*, Ich bin auf der Durchreise nach Amerika.)

Durch den Zoll gehen

Nachdem Sie die Passkontrolle hinter sich gelassen haben, holen Sie Ihr Gepäck ab und gehen durch **de douane** (*dè du-waa-nè*, den Zoll), wo Sie eventuell Ihre Gepäckstücke zur Kontrolle öffnen müssen. Beim Zoll gibt es immer zwei Möglichkeiten: Entweder gehen Sie zum Schalter **Aangifte** (*<u>aan</u>-chiff-tè*, zu verzollende Waren), oder Sie nehmen den Durchgang **Niets aan te geven** (*nietß aan tè <u>chee</u>-vèn*, nichts zu verzollen).

Der Zollbeamte fragt Sie vielleicht:

✔ **Heeft u iets aan te geven?** (*heeft ü ietß aan tè <u>chee</u>-vèn*, Haben Sie etwas zu deklarieren?)

Ihre Antwort könnte sein:

✔ **Ik wil dit graag aangeven.** (*ick will ditt chraach <u>aan</u>-chee-vèn*, Ich möchte dies gern deklarieren.)

Der Zollbeamte kann Sie auffordern, Ihr Gepäck zu öffnen:

✔ **Wilt u deze koffer / deze tas openmaken?** (*willt ü <u>dee</u>-sè <u>koff</u>-fèr/<u>dee</u>-sè tass <u>oo</u>-pèn <u>maa</u>-kèn*, Würden Sie bitte diesen Koffer / diese Tasche aufmachen?)

Wenn der Zollbeamte Sie fragt, was Sie mit den mitgebrachten Gegenständen vorhaben, können Sie sagen:

✔ **Het is voor persoonlijk gebruik.** (*hätt iss voor pèr-<u>ßoon</u>-lèk chè-<u>brèüjk</u>*, Das ist für den persönlichen Gebrauch.)

✔ **Het is een cadeautje.** (*hätt iss èn ka-<u>doo</u>-tjè*, Das ist ein Geschenk.)

Sollte der Zollbeamte etwas finden, dessen Einfuhr nicht gestattet ist, wird er sagen:

✔ **U mag dit niet invoeren.** (*ü mach ditt niet <u>inn</u>-vu-rèn*, Sie dürfen das nicht einführen.)

✔ **U mag dit niet uitvoeren.** (*ü mach ditt niet <u>èüjt</u>-vu-rèn*, Sie dürfen das nicht ausführen.)

✔ **U moet hiervoor invoerrechten betalen.** (*ü mutt hier-<u>voor</u> èüjt-vur-räch-tèn bè-<u>taa</u>-lèn*, Dafür müssen Sie eine Einfuhrsteuer bezahlen.)

Sie könnten daraufhin fragen:

✔ **Hoeveel moet ik betalen?** (_hu-veel mutt ick bè-taa-lèn_, Wie viel muss ich bezahlen?)

Wenn Sie die Gebühren bezahlt haben und alles erledigt ist, sagt der Beamte: **U mag doorlopen.** (_ü mach door-loo-pèn_, Sie können durchgehen.)

Kleiner Wortschatz

Niederländisch	Aussprache	Deutsch
de vlucht	_dè vlöcht_	der Flug
de tas	_dè tass_	die Tasche
het cadeau	_hätt ka-doo_	das Geschenk
Ophalen	_opp-haa-lèn_	Abholen
de vertragin	_dè vèr-traa-ching_	die Verspätung

Unterwegs mit dem Auto

Die größten und wichtigsten Verbindungsstraßen in den Niederlanden sind **de snelwegen** (_dè ßnäll-wee-chèn_, die Autobahnen). Obwohl die niederländischen Autobahnen gut ausgebaut sind und über vier beziehungsweise sechs **rijbanen** (_räij-baa-nèn_, Fahrspuren) verfügen, werden Sie nicht ohne **files** (_fie-lèß_, Staus) unterwegs sein.

Garantiert mit Stau rechnen müssen Sie **in het spitsuur** (_inn èt ßpittß-üür_, in der Stoßzeit), die nach 9 Uhr morgens allmählich abklingt und nach 15 Uhr wieder zunimmt. Außerdem werden Sie immer **in de file staan** (_inn dè fie-lè ßtaan_, im Stau stehen), wenn etwas Unvorhergesehenes passiert: **een ongeluk** (*èn onn-chè-löck*, ein Unfall), **regen** (*ree-chèn*, Regen), **mist** (*misst*, Nebel) oder **sneeuw** (*ßnee-juh*, Schnee). **Wegwerkzaamheden** (*wäch-wärrk-saam-hee-dèn*, Straßenbaumaßnahmen), vor allem **onderhoud** (*onn-dèr-haut*, Reparaturen), finden grundsätzlich im Sommer nachts und an den Wochenenden statt. Auch dann ist es nicht sicher, ob Sie **doorrijden** (*door-räij-dèn*, durchfahren) können.

Ein Auto mieten

Wenn Sie beschlossen haben, ein Auto in den Niederlanden zu mieten, müssen Sie sich zu **een autoverhuurbedrijf** (*èn oo-too-värr-hüür-bè-dräijf*, einer Mietwagenfirma) begeben. Hier ein paar Wendungen, die Sie brauchen könnten:

✔ **Ik wil graag een auto huren.** (*ick will chraach èn oo-too hü-rèn*, Ich möchte gern ein Auto mieten.)

Der Mitarbeiter wird Sie fragen, was für einen Autotyp Sie mieten wollen:

✔ **Wat voor soort auto wilt u huren?** (*watt voor ßoort oo-too willt ü hü-rèn*, Was für einen Wagentyp möchten Sie mieten?)

Worauf Sie wie folgt antworten können:

✔ **een personenwagen** (*èn pèr-ßoo-nèn-waa-chèn*, einen Pkw)

✔ **een busje** (*èn böss-schè*, einen Kleinbus)

✔ **een stationcar** (*èn ßtee-schèn-karr*, einen Kombi)

✔ **een automaat** (*èn oo-too-maat*, einen Automatik)

✔ **een diesel** (*èn die-ßèl*, einen Diesel)

Die Autos sind in Preisklassen unterteilt. Folgende Extras stehen zur Auswahl:

- ✔ **een kinderzitje** (*èn kinn-dèr-sitt-tjè*, ein Kindersitz)

- ✔ **een bagagerek** (*èn ba-chaa-zschè-räck*, ein Dachgepäckträger)

- ✔ **een navigatiesysteem** (*èn na-vie-chaa-zie-ßieß-teem*, ein Navigationssystem)

Folgende Fragen könnte man Ihnen auch stellen:

- ✔ **Voor hoe lang wilt u de auto huren?** (*voor hu lang willt ü dè oo-too hü-rèn*, Für wie lange wollen Sie das Auto mieten?)

- ✔ **Tot wanneer wilt u de auto huren?** (*tott wann-neer willt ü dè oo-too hü-rèn*, Bis wann wollen Sie das Auto mieten?)

- ✔ **Wanneer brengt u de auto terug?** (*wann-neer brängt ü dè oo-too tè-röch*, Wann bringen Sie den Wagen zurück?)

Und Sie könnten antworten:

- ✔ **Ik heb de auto op 30 december nodig.** (*ick häpp dè oo-too opp därr-tèch dee-ßämm-bèr noo-dèch*, Ich brauche das Auto am 30. Dezember.)

- ✔ **Ik wil graag een auto huren vanaf 30 december.** (*ick will chraach èn oo-too hü-rèn vann-aff därr-tèch dee-ßämm-bèr*, Ich würde gern ab dem 30. Dezember ein Auto mieten.)

- ✔ **Ik wil graag een auto huren tot 10 januari.** (*ick will chraach èn oo-too hü-rèn tott tien ja-nü-waa-rie*, Ich würde gern bis zum 10. Januar ein Auto mieten.)

✔ **Ik breng de auto terug op 10 januari.** (*ick bräng dè oo-too tè-röch opp tien ja-nü-waa-rie*, Ich bringe das Auto am 10. Januar zurück.)

Beim Besprechen der Einzelheiten könnte Folgendes eine Rolle spielen:

✔ **een schadeverzekering** (*èn ßchaa-dè-vèr-see-kè-ring*, Vollkasko)

✔ **een verzekering tegen diefstal** (*èn vèr-see-kè-ring tee-chèn dief-ßtall*, eine Versicherung gegen Diebstahl)

✔ **een aansprakelijkheidsverzekering** (*èn aan-ßpraa-kè-lèk-häijtß-vèr-see-kè-ring*, eine Haftpflichtversicherung)

✔ **inclusief** (*inn-klü-ßief*, inklusive)

✔ **plaatselijke belastingen** (*plaa-zè-lè-kè bè-lass-ting-en*, örtliche Steuern)

✔ **het rijbewijs** (*hätt räij-bè-wäijß*, der Führerschein)

✔ **zonder kilometerbeperking** (*sonn-dèr kie-loo-mee-tèr-bè-pärr-king*, ohne Kilometerbeschränkung)

Kleiner Wortschatz

Niederländisch	Aussprache	Deutsch
huren	*hü-rèn*	mieten
terugbrengen	*tè-röch-breng-èn*	zurückbringen
de diefstaal	*dief-ßtall*	der Diebstahl
tot	*tott*	bis

Stadtpläne und Straßenschilder

Wenn Sie eine Stadt kennenlernen wollen, sollten Sie sich als Erstes einen Stadtplan kaufen. Darauf sehen Sie nicht nur **straten** (*ßtraa-tèn*, Straßen) und **pleinen** (*pläij-nèn*, Plätze), sondern auch:

- ✔ **het stadhuis** (*hätt ßtatt-hèüjß*, das Rathaus)
- ✔ **het postkantoor** (*hätt posst-kann-toor*, das Postamt)
- ✔ **het politiebureau** (*hätt poo-lie-zie-bü-roo*, die Polizeiwache)

Anhand des Stadtplans sehen Sie, dass das **centrum** (*ßänn-trömm*, Zentrum) einer Stadt zu einer **voetgangerszone** (*vutt-chang-èrß-soo-nè*, Fußgängerzone) umgestaltet wurde. Wenn Sie das Zentrum besuchen wollen, sollten Sie vorher Ihr Auto auf einem **parkeerplaats** (*parr-keer-plaatß*, Parkplatz) oder in einer **parkeergarage** (*parr-keer-cha-raa-zschè*, Parkhaus) abstellen.

In kleineren Städten kann man meistens mit dem Auto bis ins Zentrum **rijden** (*räij-dèn*, fahren). Überall stehen **parkeermeters** (*parr-keer-mee-tèrß*, Parkautomaten), vergessen Sie also nicht, dort **geld in te werpen** (*chällt inn tè wärr-pèn*, Geld einzuwerfen). Der **inworp per uur** (*inn-worrp pärr üür*, Gebühr/Einwurf pro Stunde) variiert zwischen 1 und 5 Euro **op werkdagen tot 18:00** (*opp wärrk-daa-chèn tott säss üür*, an Werktagen bis 18 Uhr) **met uitzondering van feestdagen** (*mätt èüjt-sonn-dè-ring vann feeßt-daa-chèn*, außer an Feiertagen).

Wenn Sie aus dem Parkhaus fahren, werden Sie ein Schild mit der Aufschrift **alle richtingen** (*all-lè rich-ting-èn*, alle Richtungen) sehen. Es wird Sie zum **rondweg** (*ronnt-wäch*, zum Ringweg/-straße) oder **ring** (*ring*, Stadtring) leiten: der

Straße, die um das Stadtzentrum herum führt. Von dort gibt es Verbindungen zu den Hauptstraßen in alle Richtungen.

In großen Städten mit historischem Stadtkern sollten Sie beim Parken auf der Hut vor kleinen privaten Garagen sein, die selbst in den engsten Gassen verborgen sein können. Damit man Ihr Auto nicht kostenpflichtig abschleppt oder mit einer Parkkralle versieht, sollten Sie sich immer erst vergewissern, ob Sie kein kleines rot-weißes Schild mit der Aufschrift **uitrit vrijlaten** (*èüjt-ritt vräij-laa-tèn*, Ausfahrt frei halten) an Ihrem Parkplatz sehen.

Auch diese Schilder werden Ihnen oft begegnen:

✔ **Verboden toegang** (*vèr-boo-dèn tu-chang*, Zugang verboten)

✔ **Verboden toegang voor onbevoegden.** (*vèr-boo-dèn tu-chang voor onn-bè-vuch-dèn*, Unbefugten ist der Zugang verboten.)

Sie werden die Straßenschilder in den Niederlanden richtig deuten können, die Symbole sind schließlich international festgelegt. Dennoch gibt es ein paar Schilder, die mit niederländischen Aufschriften versehen sind und die Ihnen zu verstehen geben, dass Sie umkehren müssen:

✔ **afgesloten** (*aff-chè-ßloo-tèn*, abgesperrt)

✔ **afgesloten voor** (*aff-chè-ßloo-tèn voor*, gesperrt für)

✔ **gesloten** (*chè-ßloo-tèn*, geschlossen/gesperrt)

✔ **doodlopende weg** (*doot-loo-pèn-dè wäch*, Sackgasse)

✔ **geen doorgaand verkeer** (*cheen door-chaant vèr-keer*, für den Durchgangsverkehr gesperrt)

✔ **doorgaand rijverkeer gestremd** (_door_-chaant _räij_-vèr-keer chè-_ßträmmt_, keine Durchfahrt)

✔ **eenrichtingsverkeer** (een-_rich_-tingß-vèr-keer, Einbahnstraße)

In **de bebouwde kom** (_dè bè-bau-dè komm_, geschlossene Ortschaft) beträgt die **maximumsnelheid** (_mack-kßie-mömm-ßnäll-häijt_, Höchstgeschwindigkeit) 50 Kilometer pro Stunde. Vor allem in kleinen Dörfern, durch die Sie kommen werden, wenn Sie auf den regionalen Verbindungsstraßen unterwegs sind, hat man **flitspalen** (_flittß_-paa-lèn, Radarfallen/Blitzer) aufgestellt.

Wider das Gesetz

Wenn Sie beim **te snel rijden** (_tè ßnäll räij_-dèn, zu schnell fahren), **geen richting aangeven** (_cheen rich_-ting _aan_-chee-vèn, beim Fahrbahnwechsel nicht blinken) oder **verkeerd inhalen** (vèr-_keert inn_-haa-lèn, auf der falschen Spur überholen) erwischt werden, müssen Sie ein Bußgeld zahlen. Die Polizei wird Ihnen zunächst folgen, Sie dann überholen und mit einem Leuchtschild auffordern: **Stop, politie** (_ßtopp poo-lie_-zie, Stopp, Polizei). Die Beamten werden Ihnen mitteilen, was Sie falsch gemacht haben, und selbst wenn Sie sich dafür entschuldigen, das betreffende Verkehrsschild übersehen zu haben, wird Sie das mindestens 100 Euro kosten.

Auf der Autobahn

Wenn man öfter auf der Autobahn fährt, ist man immer überrascht, wenn auf den Leuchttafeln über der Fahrbahn **A1 filevrij** (*aah-een fie-lè-vräij*, Autobahn A1 staufrei) zu lesen ist. Wahrscheinlicher ist es aber, **A1 tot knooppunt Hoevelaken 8 kilometer file** (*aah-een tott knoop-pönnt hu-vè-laa-kèn acht kie-loo-mee-tèr fie-lè*, A1 bis Dreieck Hoevelaken 8 Kilometer Stau) zu lesen.

Wenn Sie sich in **een opstopping** (*èn opp-ßtopp-ping*, großes Verkehrsaufkommen) befinden und Sie **van richting veranderen** (*vann rich-ting vèr-ann-dè-rèn*, die Fahrbahn wechseln) wollen, sollten Sie rechtzeitig **invoegen** (*inn-vu-chèn*, sich einordnen), auch wenn alle anderen **langzaam rijden** (*langsaam räij-dèn*, langsam fahren). Hoffentlich bleibt Ihnen **een omleiding** (*èn omm-läij-ding*, eine Umleitung) erspart. Sollte es trotzdem dazu kommen, hilft Ihnen das Schild **volg route nummer 1** (*vollch ru-tè nömm-mèr een*), was bedeutet: Folgen Sie der Route Nummer 1. Hat Sie schlechtes Wetter überrascht? Bei **hagel** (*haa-chèl*, Hagel) gilt: **Lichten ontsteken** (*lich-tèn onnt-ßtee-kèn*, Scheinwerfer an!) und vorsichtig fahren wegen der **slipgevaar** (*ßlipp-chè-vaar*, Rutschgefahr).

Am Bahnhof

Mit dem Zug zu reisen kann sehr komfortabel sein. Wären da nicht die Betriebsstörungen, Herbstlaub auf den Schienen und der erste Schnee, die Verspätungen von mehreren Stunden verursachen können. **De Intercities** (*dè inn-tèr-ßitt-tieß*, Intercity-Züge) eignen sich besonders für lange Strecken, sie sind schnell und modern. **De sneltrein** (*dè ßnäll-träijn*, Schnellzug) hält öfter und ist deshalb weniger schnell und komfortabel. Wie der Name schon sagt, hält **de stoptrein** (*dè ßtopp-träijn*, die Regionalbahn) an vielen Bahnhöfen, auch den kleineren. Nachts kommt man mit **de nachtnettrein** (*dè nacht-nätt-träijn*, dem Nachtverkehr) in die großen Städte ebenso wie zum Flughafen Schiphol. Internationale Züge halten an den großen Bahnhöfen des Landes.

Fahrkarten kaufen

Wenn Sie eine Fahrkarte für eine Zugfahrt innerhalb des Landes kaufen wollen, können Sie das am Bahnhof erledigen. Dennoch kann ein Blick vorab auf die Website der **Nederlandse Spoorwegen** (*nee-dèr-lann-zè ßpoor-wee-chèn*, Niederländische Bahn), abgekürzt **de NS** (*dè änn-äss*), viel Zeit sparen.

Nur die großen Bahnhöfe unterhalten noch täglich geöffnete Schalter mit Personal für den Fahrkartenverkauf und für Reiseinformationen. Dafür gibt es überall Fahrkartenautomaten. Wenn Sie nicht genau wissen, welche Zugverbindung die richtige für Sie ist und Sie noch nie solch einen Automaten bedient haben, sollten Sie Ihre Reise lieber in aller Ruhe zu Hause am Computer vorbereiten.

Wenn Sie vor dem Fahrkartenautomaten stehen, sollten Sie diese Ausdrücke kennen:

✔ **een enkeltje naar Zutphen** (*èn äng-kèl-tjè naar sött-fèn*, eine einfache Fahrt nach Zutphen)

✔ **een retourtje Leiden** (*èn rè-tur-tjè läij-dèn*, eine Hin- und Rückfahrkarte nach Leiden)

Der Automat wird Ihnen automatisch eine Fahrkarte zweiter Klasse ausstellen. Sollten Sie jedoch Wert auf mehr Komfort und Ruhe legen, können Sie einen Fahrschein erster Klasse lösen, indem Sie bei der Auswahl hinzufügen:

✔ **eerste klas** (_eer-ßtè klass_, erste Klasse)

Doch Sie müssen Ihre Fahrtkarte nicht auf Niederländisch lösen. Bei diesen Automaten können Sie auch die gewünschte Sprache wählen: Neben Niederländisch stehen Deutsch, Englisch oder Französisch zur Verfügung.

De NS hat verschiedene Angebote und Ermäßigungen. Sollten Sie öfter mit der Bahn unterwegs sein, könnte solch ein Angebot für Sie interessant sein. Da viele Niederländer zu ermäßigten Preisen reisen, könnte es sein, dass man Sie bei der Bestellung Ihrer Fahrkarte fragt:

✔ **Heeft u een kortingkaart?** (_heeft ü èn korr-tingß-kaart_, Haben Sie einen Ermäßigungsausweis / eine Bahncard?)

✔ **Met korting of de volle prijs?** (_mätt korr-ting off dè voll-lè präijß_, Ermäßigt oder voller Preis?)

Ihre Antwort könnte lauten:

✔ **zonder korting** (_sonn-dèr korr-ting_, ohne Ermäßigung)

✔ **met korting** (_mätt korr-ting_, mit Ermäßigung)

✔ **Ik heb een kortingkaart.** (_ick häpp èn korr-tingß-kaart_, Ich habe einen Ermäßigungsausweis / eine Bahncard.)

Manche Leute, die ihren Fahrschein zum Normaltarif lösen oder eine etwas kompliziertere Reise unternehmen wollen, kaufen ihre Fahrkarten einige Tage vor der Abreise. Deshalb könnte es sein, dass man am Schalter von Ihnen wissen möchte:

✔ **Reist u vandaag?** (*reißt ü vann-<u>daach</u>*, Fahren Sie heute?)

✔ **Wanneer reist u?** (*wann-<u>neer</u> reißt ü*, Wann fahren Sie?)

Wenn Sie wissen möchten, wie viel die Fahrkarte kosten wird, fragen Sie:

✔ **Hoeveel kost een enkeltje naar Almere?** (*<u>hu</u>-veel kosst èn <u>äng</u>-kèl-tjè naar all-<u>mee</u>-rè*, Wie viel kostet eine einfache Fahrt nach Almere?)

Sollten Sie Probleme beim Kauf eines Fahrscheins am Automaten haben, können Sie andere Reisende um Hilfe bitten. Sie können sich aber auch in Ruhe von zu Hause aus mit dem Fahrscheinautomaten vertraut machen. Schauen Sie sich dazu die Website der niederländischen Bahn unter www.ns.nl an. Die **NS website** (Nederlandse Spoorwegen-Website) bietet außerdem einen nützlichen Fahrtenplaner: Man gibt einfach den Start- und Zielbahnhof sowie die gewünschte Reisezeit ein und erhält dann alle Zugverbindungen.

Fahrpläne lesen

An jedem Bahnhof werden Sie Aushänge und Anzeigetafeln mit **de vertrektijden** (*dè vèr-<u>träck</u>-täij-dèn*, den Abfahrtszeiten) finden. Wenn Sie sich damit nicht auskennen, könnte es schwierig werden, alles richtig zu verstehen. Deshalb ist es sinnvoll, einige Wörter und Begriffe vorab zu klären:

✔ **het vertrek** (*hätt vèr-<u>träck</u>*, die Abfahrt)

✔ **de aankomst** (*dè <u>aan</u>-kommßt*, die Ankunft)

✔ **via** (*<u>vie</u>-jaa*, über)

✔ **op werkdagen** (*opp <u>wärrk</u>-daa-chèn*, werktags)

✔ **doorgaande trein** (*<u>door</u>-chaan-dè träijn*, durchgehender Zug)

✔ **overstappen** (*<u>oo</u>-vèr-ßtapp-pèn*, umsteigen)

✔ **zon- en feestdagen** (*sonn änn <u>feeßt</u>-daa-chèn*, Sonn- und Feiertage)

Es gibt außerdem Anzeigetafeln mit den Ankunftszeiten internationaler Züge unter Angabe des Bahnsteigs.

Informationen einholen

Wenn Sie Fragen haben, können Sie am Bahnhof jemanden vom Ticketschalter oder der Reiseinformation ansprechen, im Zug hilft Ihnen der Kontrolleur weiter. Sie könnten eine der folgenden Fragen stellen:

✔ **Van welk perron / Van welk spoor vertrekt de trein naar Groningen?** (*vann wällk pärr-<u>ronn</u> / vann wällk ßpoor vèr-<u>träckt</u> dè träijn naar <u>chroo</u>-ning-èn*, Von welchem Bahnsteig/Gleis fährt der Zug nach Groningen?)

✔ **Op welk perron / Op welk spoor komt de trein uit Rotterdam aan?** (*opp wällk pärr-<u>ronn</u> / opp wällk ßpoor kommt dè träijn èüjt rott-tèr-<u>damm</u> aan*, Auf welchem Bahnsteig/Gleis kommt der Zug aus Rotterdam an?)

✔ **Heeft de trein vertraging?** (*heeft dè täijin vèr-<u>traa</u>-ching*, Hat der Zug Verspätung?)

✔ **Gaat er een doorgaande trein van Nijmegen naar Leiden?** (*chaat ärr èn <u>door</u>-chaan-dè träijn vann <u>näij</u>-mee-chèn naar <u>läij</u>-dèn*, Gibt es einen durchgehenden Zug von Nijmegen nach Leiden?)

Auf die letzte Frage könnte man Ihnen antworten, dass es keinen durchgehenden Zug gibt:

✔ **Nee, u moet overstappen in Duivendrecht.** (*nee ü mutt* <u>*oo*</u>*-vèr-ßtapp-pèn inn* <u>*dèüj*</u>*-vèn-drächt*, Nein, Sie müssen in Duivendrecht umsteigen.)

Mit dem Bus, der Straßenbahn, der U-Bahn oder dem Taxi fahren

In größeren Städten gibt es einen gut ausgebauten öffentlichen Nahverkehr. Die U-Bahn und verschiedene Regionalbahnen bringen Sie von den Außenbezirken ins Zentrum, wo Sie sich mit Bussen und Straßenbahnen weiter fortbewegen können.

Sollten Sie bei der Suche nach dem richtigen Bus oder der Straßenbahn Hilfe benötigen, können Sie den **buschauffeur** (*dè* <u>*böss*</u>*-schoo-föhr*, Busfahrer) oder **tramconducteur** (<u>*trämm*</u>*-konn-döck-töhr*, Straßenbahnschaffner) fragen. Ansonsten können Sie auch versuchen, sich an der aushängenden Karte in **het bushokje** (*hätt* <u>*böss*</u>*-hock-kje*, das Buswartehäuschen) zu orientieren, falls es ein solches gibt. Denn **de bushalte** (*dè* <u>*böss*</u>*-hall-tè*, die Bushaltestelle) besteht oft nur aus einem Schild mit der Nummer der Buslinie und einem Fahrplan des betreffenden Busses. **De tramhalte** (*dè* <u>*trämm*</u>*-hall-tè,* die Straßenbahnhaltestelle) bietet mitunter auch ein paar Informationen. Sollten Sie dennoch Fragen haben, können Sie andere Wartende mit folgenden Worten ansprechen:

✔ **Welke bus gaat naar het centrum?** (_wäll_-kè böss chaat naar èt _ßänn_-trömm, Welcher Bus fährt ins Zentrum?)

✔ **Is dit de goede tram naar het station?** (iss ditt dè _chu_-dè trämm naar èt ßta-_schonn_, Ist das die richtige Straßenbahn zum Bahnhof?)

✔ **Stopt deze bus bij het Amstelstation?** (ßtoppt _dee_-sè böss bäij èt _amm_-ßèl-ßta-schonn, Hält dieser Bus am Bahnhof Amsterdam Amstel?)

✔ **Waar moet ik overstappen?** (waar mutt ick _oo_-vèr-ßtapp-pèn, Wo muss ich umsteigen?)

Diejenigen, die mitunter ein Taxi auf der Straße heranwinken, müssen sich in den Niederlanden umstellen. Denn in den Niederlanden nehmen Taxis Fahrgäste nur an festen Taxistandplätzen mit. Sie finden einen **taxistandplaats** (_tack_-ßie-ßtannt-plaatß, Taxistandplatz) meistens in der Nähe von öffentlichen Gebäuden wie Bahnhöfen oder Konzerthäusern und Museen.

Sollte vor Ihrem Hotel oder der Bar kein Taxi stehen, können Sie auch die Mitarbeiter an der Rezeption bitten, Ihnen eines zu rufen. Da die **taxicentrales** (_tack_-ßie-ßänn-traa-lèß, Taxizentralen) ihre Fahrten planen und deshalb genaue Angaben benötigen, wird man Sie an der Rezeption fragen, wohin Sie fahren möchten.

Wenn Sie im Taxi sitzen, wird **de taxichauffeur** (dè _tack_-ßie-schoo-föhr, der Taxifahrer) den Taxameter anstellen. Wenn Sie angekommen sind, zahlen Sie den angezeigten Betrag und ein Trinkgeld.

Wenn Sie wissen wollen, wo der nächstgelegene Taxistand ist, fragen Sie:

✔ **Waar is de dichtstbijzijnde taxistandplaats?** (*waar iss dè dichßt-bäij-säijn-dè tack-ßie-ßtannt-plaatß*, Wo ist der nächstgelegene Taxistand?)

Wenn Sie eingestiegen sind, wird der Taxifahrer Sie fragen:

✔ **Waar wilt u naartoe?** (*waar willt ü naar-tu*, Wo wollen Sie hin?)

Nach dem Weg fragen und sich orientieren

Um den richtigen Weg zu finden, ist es nützlich, die Himmelsrichtungen zu kennen:

✔ **het noorden** (*hätt noor-dèn*, der Norden)

✔ **het zuiden** (*hätt sèüj-dèn*, der Süden)

✔ **het oosten** (*hätt ooß-tèn*, der Osten)

✔ **het westen** (*hätt wäss-tèn*, der Westen)

Die Himmelsrichtungen werden mit **in** verbunden:

✔ **Groningen ligt in het noorden.** (*chroo-ning-èn licht inn èt noor-dèn*, Groningen liegt im Norden.)

✔ **Maastricht ligt in het zuiden.** (*maaß-tricht licht inn èt sèüj-dèn*, Maastricht liegt im Süden.)

✔ **Den Haag ligt in het westen.** (*dänn-haach licht inn èt wäss-tèn*, Den Haag liegt im Westen.)

✔ **Nijmegen ligt in het oosten.** (*näij-mee-chèn licht inn èt ooß-tèn*, Nijmegen liegt im Osten.)

Glücklicherweise ist es recht einfach, auf Niederländisch nach dem Weg zu fragen. Der Schlüssel zum Geheimnis ist das Fragewort **waar** (*waar*). Sie beginnen also Ihre Frage mit:

✔ **Waar is …?** (*waar iss*, Wo ist …?)

Am Satzende fügen Sie dann einfach den gesuchten Ort hinzu, zum Beispiel:

✔ **het station** (*hätt ßta-schonn*, der Bahnhof)

✔ **de taxistandplaats** (*dè tack-kßie-ßtannt-plaatß*, der Taxistand)

✔ **het metrostation** (*hätt mee-troo-ßta-schonn*, der U-Bahnhof)

✔ **de bushalte** (*dè böss-hall-tè*, die Bushaltestelle)

✔ **het vliegveld** (*hätt vliech-vällt*, der Flughafen)

✔ **de haven** (*dè haa-vèn*, der Hafen)

✔ **het hotel** (*hätt hoo-täll*, das Hotel)

✔ **de kerk** (*dè kärrk*, die Kirche)

✔ **het postkantoor** (*hätt posst-kann-toor*, das Postamt)

✔ **de markt** (*dè marrkt*, der Markt)

✔ **het museum** (*hätt mü-see-jömm*, das Museum)

✔ **het park** (*hätt parrk*, der Park)

Wenn Sie die genaue Bezeichnung dessen, was Sie suchen, nicht kennen, etwa einen bestimmten Park, können Sie auch nach dem nächstgelegenen Park fragen. Setzen Sie dazu einfach **dichtstbijzijnde** (*dichßt-bäij-säijn-dè*, nächstgelegene) nach **de** oder **het** und vor der Bezeichnung des Gesuchten ein, beispielsweise:

✔ **Waar is het dichtstbijzijnde park?** (*waar iss èt dichßt-bäij-<u>säijn</u>-dè parrk*, Wo ist der nächstgelegene Park?)

✔ **Waar is het dichtstbijzijnde station?** (*waar iss èt dichßt-bäij-<u>säijn</u>-dè ßta-<u>schonn</u>*, Wo ist der nächstgelegene Bahnhof?)

Haben Sie sich verirrt? Egal ob Sie zu Fuß oder motorisiert unterwegs sind, dieser Satz trifft es immer:

✔ **Ik ben de weg kwijt.** (*ick bänn dè wäch kwäijt*, Ich habe mich verlaufen/verfahren.)

Wie weit ist es?

Um entscheiden zu können, ob Sie nun am besten zu Fuß, mit dem Bus oder dem Taxi irgendwohin gelangen, ist es wichtig zu wissen, wie weit Ihr Ziel von Ihrem Ausgangspunkt entfernt ist. Die entscheidenden Wörter sind dabei: **dichtbij** (*dicht-<u>bäij</u>*) oder **vlakbij** (*vlack-<u>bäij</u>*, beide bedeuten nahe, in der Nähe) und **ver** (*värr*, weit) oder **ver weg** (*värr wäch*, weit weg).

Sie stellen die Frage wie folgt:

✔ **Is ... ver weg?** (*iss.. värr wäch*, Ist ... weit weg?)

Setzen Sie dabei einfach den Namen oder die Bezeichnung des Ortes, nach dem Sie sich erkundigen, ein. Wenn Sie zum Beispiel den WTC Bahnhof suchen, fragen Sie:

✔ **Is het station WTC ver weg?** (*iss èt ßta-<u>schonn</u> weej-teej-<u>ßeej</u> värr wäch*, Ist der WTC Bahnhof weit weg?)

Die Antwort könnte sein:

✔ **Nee, het station WTC is niet ver weg. Het is vlakbij.**
(*nee èt ßta-schonn weej-teej-ßeej iss niet värr wäch. èt iss vlack-bäij*, Nein, der WTC Bahnhof ist nicht weit weg. Er ist in der Nähe.)

Man kann die Frage auch andersherum stellen und fragen, wie nahe etwas ist, indem man das Wort **dichtbij** verwendet. Sie fragen also:

✔ **Is het station WTC dichtbij?** (*iss èt ßta-schonn weej-teej-ßeej dicht-bäij*, Ist der WTC Bahnhof in der Nähe?)

Das Wort **dichtbij** wird vor allem in Fragen verwendet, während man in Antworten häufiger **vlakbij** hört:

✔ **Ja, het station WTC is vlakbij.** (*ja èt ßta-schonn weej-teej-ßeej iss vlack bäij*, Ja, der WTC Bahnhof ist in der Nähe.)

Wenn Sie sich nach etwas erkundigen, wovon Sie nicht sicher wissen, ob es das überhaupt in der Nähe gibt, verwenden Sie folgende Formulierung:

✔ **Is er een station in de buurt?** (*iss ärr èn ßta-schonn inn dè büürt*, Gibt es in der Nähe einen Bahnhof?)

 Anstatt zu sagen, dass Sie den Weg nicht kennen, geht auch:

Het spijt me, ik ben hier niet bekend. (*hätt ßpäijt mè ick bänn hier niet bè-kännt*, Entschuldigung / Es tut mir leid, ich kenne mich hier nicht aus.)

<table>
<tr><td colspan="3">Kleiner Wortschatz</td></tr>
<tr><td>Niederländisch</td><td>Aussprache</td><td>Deutsch</td></tr>
<tr><td>liggen</td><td>lich-chèn</td><td>liegen</td></tr>
<tr><td>het station</td><td>hätt ßta-<u>schonn</u></td><td>der Bahnhof</td></tr>
<tr><td>ver</td><td>värr</td><td>weit</td></tr>
<tr><td>het park</td><td>hätt parrk</td><td>der Park</td></tr>
</table>

Nach »hier« und »daar« gehen

Die Begriffe **hier** (*hier*, hier) und **daar** (*daar*, dort) machen Wegbeschreibungen etwas konkreter:

✔ **Het station is hier niet ver vandaan.** (*hätt ßta-<u>schonn</u> iss hier niet värr vann-<u>daan</u>*, Der Bahnhof ist nicht weit von hier.)

Häufig verwendete Ausdrücke sind:

✔ **Dat is hier.** (*datt iss hier*, Das ist hier.)

✔ **Dat is daar.** (*datt iss daar*, Das ist dort.)

Eine andere mögliche Formulierung ist:

✔ **Dat is hier recht tegenover.** (*datt iss hier rächt tee-chèn-<u>oo</u>-vèr*, Das ist hier genau gegenüber.)

✔ **Dat is daar recht tegenover.** (*datt iss daar rächt tee-chèn-<u>oo</u>-vèr*, Das ist dort genau gegenüber.)

Fragen, wie man dorthin kommt

Wenn Sie fragen möchten »Wie komme ich dorthin?«, brauchen Sie das Verb **komen** (_koo-mèn_, kommen) in Verbindung mit einer Präposition. Das Verb **komen** wird wie folgt konjugiert:

Konjugation	Aussprache
ik kom	_ick komm_
jij komt	_jäij kommt_
hij/zij/het komt	_häij/säij/hätt kommt_
u komt	_ü kommt_
wij komen	_wäij koo-mèn_
jullie komen	_jöll-lie koo-mèn_
zij komen	_säij koo-mèn_

Das Grundschema der Frage lautet dabei:

✔ **Hoe kom ik ...** (_hu komm ick_, Wie komme ich ...)

Zum Beenden der Frage wird eine Präposition benötigt, zum Beispiel **in** oder **naar**, und der gesuchte Ort.

✔ **Hoe kom ik in het centrum?** (_hu komm ick inn èt Bänntrömm_, Wie komme ich ins Zentrum?)

✔ **Hoe kom ik naar Zaandam?** (_hu komm ick naar saandamm_, Wie komme ich nach Zaandam?)

Den Ort oder die Lage beschreiben

Wenn Sie nach dem Weg fragen, müssen Sie auch die möglichen Antworten verstehen. Bei einer Lagebeschreibung werden oft bekannte oder weithin sichtbare Punkte als Orientierungshilfe eingesetzt. Dazu benötigen Sie folgende Präpositionen:

✔ **voor** (*voor*, vor/bevor)

✔ **na** (*naa*, nach)

✔ **bij** (*bäij*, bei)

✔ **op** (*opp*, auf)

✔ **in** (*inn*, in)

Vielleicht begegnet Ihnen, wenn Sie nach dem Weg fragen, einer der folgenden Sätze:

✔ **U gaat voor het park rechtsaf.** (*ü chaat voor èt parrk rächtß- <u>aff</u>*, Vor dem Park gehen Sie nach rechts.)

✔ **U rijdt dan op de A7.** (*ü räijt dann opp dè aah <u>see</u>-vèn*, Sie fahren dann auf die A7.)

✔ **U bent dan al in Zaandam.** (*ü bännt dann all in saan-<u>damm</u>*, Sie sind dann schon in Zaandam.)

Mehr zum Thema Präpositionen finden Sie in Kapitel 2.

Den Weg finden: »rechts«, »links«, »rechtdoor«

Wenn Sie auf Niederländisch eine Wegbeschreibung bekommen, werden Sie auch ohne Niederländischkenntnisse das meiste verstehen: Die Begriffe »rechts« und »links« sind die gleichen wie im Deutschen und Ableitungen daraus kommen einem zumindest bekannt vor. Es gibt nur einen kleinen Stolperstein, und das ist der Begriff **rechtdoor** (*<u>räch</u>-tèr-hannt)*, der auf Deutsch »geradeaus« bedeutet.

Um angeben zu können, dass sich etwas links oder rechts von etwas befindet, verwendet man im Niederländischen wie im Deutschen die Präposition **van** (*vann*, von).

✔ **Links van** (*linkß vann*, links von), zum Beispiel:

De kerk is links van het museum. (*dè kärrk iss linkß vann èt mü-see-jömm*, Die Kirche befindet sich links vom Museum.)

✔ **Rechts van** (*rächtß vann*, rechts von), zum Beispiel:

Het museum is rechts van de kerk. (*hätt mü-see-jömm iss rächtß vann dè kärrk*, Das Museum befindet sich rechts von der Kirche).

Manchmal hört man auch den Ausdruck **aan uw linkerhand** (*aan üu ling-kèr hannt*, zu Ihrer Linken (Hand)), was das Gleiche bedeutet wie **aan de linkerkant** (*aan dè ling-kèr kannt*, an der linken Seite) oder einfach **links** (*linkß*, links).

✔ **De kerk is aan uw linkerhand** (*dè kärrk iss aan üu ling-kèr hannt*, Die Kirche befindet sich zu Ihrer Linken) oder **De kerk is aan de linkerkant** (*dè kärrk iss aan dè ling-kèr kannt*, Die Kirche befindet sich an der linken Seite) oder **De kerk is links** (*dè kärrk iss linkß*, Die Kirche ist links).

Mit Auto, Zug, Bus oder Flugzeug: »gaan«

Im Niederländischen kann man das Verb **gaan** (*chaan*, gehen) für viele Dinge verwenden. Hier folgen alle Formen im Präsens. Wie bei den meisten **veelgebruikte werkwoorden** (*veel-chè-brèüjk-tè wärrk-woor-dèn*, häufig verwendeten Verben) ist auch die Konjugation von **gaan** unregelmäßig:

Konjugation	Aussprache
ik ga	*ik chaa*
jij gaat	*jäij chaat*
hij/zij/het gaat	*häij/säij/hätt chaat*
u gaat	*ü chaat*
wij gaan	*wäij chaan*
jullie gaan	*jöll-lie chaan*
zij gaan	*säij chaan*

Mit diesem Verb drücken Sie die verschiedenen Formen der Fortbewegung aus:

✔ **Ik ga vanmiddag naar Den Haag.** (*ick chaa vann-midd-dach naar dänn-haach*, Ich gehe/fahre heute Nachmittag nach Den Haag.)

✔ **Ik ga vanmiddag naar de supermarkt.** (*ick chaa vann-midd-dach naar dè sü-pèr-marrkt*, Ich gehe heute Nachmittag zum Supermarkt.)

Mit dem Verb **gaan** ist aber nicht nur »zu Fuß gehen« gemeint, sondern man kann auch mit dem Auto, dem Zug, dem Bus oder anderen Transportmitteln irgendwohin »gehen«. Wenn Sie Ihre Aussage präzisieren möchten, fügen Sie das Verkehrsmittel einfach hinzu:

✔ **Ik ga vanmiddag met de auto naar Den Haag.** (*ick chaa vann-midd-dach mätt dè oo-too naar dänn-haach*, Ich gehe/fahre heute Nachmittag mit dem Auto nach Den Haag.)

✔ **Ik ga met de fiets naar de supermarkt.** (*ick chaa mätt dè fietß naar dè sü-pèr-marrkt*, Ich gehe/fahre mit dem Rad zum Supermarkt.)

Im Deutschen verwendet man eigentlich immer das Verb »fahren«, wenn man sich mithilfe eines Fahrzeugs fortbewegt. Das können Sie auch im Niederländischen mit dem Verb **rijden** (_räij-dèn_) machen, jedoch nur, wenn der Genannte auch wirklich selbst mit einem Fahrzeug fährt:

✔ **Vanmiddag rijd ik naar Den Haag.** (_vann-midd-dach räij ick naar dänn-haach_, Heute Nachmittag fahre ich nach Den Haag.)

Auch wenn Sie mit dem Flugzeug unterwegs sind, verwenden Sie das Verb **gaan**:

✔ **Volgend jaar gaan we naar Cuba.** (_voll-chènd jaar chaan wè naar kü-baa_, Nächstes Jahr gehen/reisen wir nach Kuba.)

Aus diesem Satz ist nicht ersichtlich, ob Sie eine Reise dorthin machen oder ob Sie die Absicht haben, dort zu leben. Das hängt vom Zusammenhang ab. Wenn Sie deutlich machen wollen, dass Sie weder mit dem Auto noch mit dem Schiff reisen werden, sondern mit dem Flugzeug, verwenden Sie das Verb **vliegen** (_vlie-chèn_, fliegen):

✔ **Volgende week vlieg ik naar Madrid.** (_voll-chèn-dè week vliech ick naar maa-dritt_, Nächste Woche fliege ich nach Madrid.)

Egal ob Sie geschäftlich unterwegs sind oder Urlaub machen, Sie müssen irgendwo übernachten. In diesem Kapitel finden Sie die Wörter und Sätze, die Sie brauchen, um ein Hotel oder eine Pension zu finden, dort ein Zimmer zu reservieren, sich nach der Ausstattung zu erkundigen sowie die Anmelde- und Zahlungsformalitäten abzuwickeln.

Ein Hotel suchen

Wenn Sie Hilfe bei der Suche nach einem Hotel benötigen, können Sie einen im Buchhandel erhältlichen Hotelführer kaufen oder im Internet surfen. Außerdem bietet **de VVV** (*dè veej-veej-veej*, die Touristeninformation) in der jeweiligen Stadt Informationen zu Hotels an.

Vielleicht möchten Sie sich bei jemandem erkundigen, ob er Ihnen ein Hotel empfehlen kann. Dann fragen Sie:

✔ **Kunt u een hotel aanbevelen?** (*könnt ü èn hoo-täll aan-bè-vee-lèn*, Können Sie ein Hotel empfehlen?)

Der Begriff für »Hotel« ist auch im Niederländischen **het hotel** (*hätt hoo-täll*, das Hotel). Manche Hotels werden anders benannt, da sie von den herkömmlichen Hotels abweichen. **Motels** (*moo-tällß*, Motels) liegen zum Beispiel immer an der Autobahn. Für diejenigen, die beabsichtigen über einen längeren

Zeitraum zu bleiben, ist **een apartmentenhotel** (*èn aa-parr-tè-männ-tèn-hoo-täll*, Hotel mit Appartements) geeignet.

Wer es abenteuerlicher und trotzdem persönlich mag, fühlt sich möglicherweise am wohlsten in **een Bed and Breakfast** (*èn bätt änn bräck-fässt*, ein Bed and Breakfast; Pension). **Een jeugdherberg** (*èn jöhcht-härr-bärrch*, eine Jugendherberge) oder **een hostel** (*èn hos-täll*, ein Hostel) bietet zwar keinen Luxus, ist dafür aber preiswert und daher besonders bei Jugendlichen beliebt. Außerhalb der Städte gibt es jede Menge **vakantiehuisjes** (*va-kann-zie-hèüj-schèß*, Ferienhäuser), die man vorher reservieren sollte. **Vakantiehuisjes** befinden sich fast immer in eigens angelegten Parks, die manchmal über gemeinschaftlich genutzte Restaurants oder Swimmingpools verfügen.

Ein Zimmer reservieren

Reservieren Sie Ihr Zimmer immer vor der Anreise, vor allem während der Hochsaison, an Feiertagen und zu besonderen Events. Sollten Sie kein freies Zimmer mehr finden, können Sie eventuell ein Zimmer außerhalb der Stadt bekommen. Bitten Sie die Mitarbeiter von **de VVV** (die Touristeninformation) Ihnen bei der Suche behilflich zu sein.

In Kapitel 8 finden Sie alles zum Thema Telefonate. Wenn die Rezeption Ihren Anruf entgegennimmt, nennen Sie Ihr Anliegen:

✔ **Ik wil graag een kamer reserveren.** (*ick will chraach èn kaa-mèr ree-ßärr-vee-rèn*, Ich würde gern ein Zimmer reservieren.)

Mitteilen, wann man ankommt und wie lange man bleiben wird

Die für Reservierungen zuständige Person wird Ihnen einige Fragen stellen, um die Reservierung im Hotel zu vervollständigen. Dafür brauchen Sie Zahlen und Daten (wie Sie die ausdrücken, erfahren Sie in Kapitel 3). Eine der ersten Fragen kann lauten:

✔ **Voor wanneer wilt u een kamer reserveren?** (*voor wann-neer willt ü èn kaa-mèr ree-ßärr-veer-èn*, Für wann möchten Sie ein Zimmer reservieren?)

✔ **Van wanneer tot wanneer wilt u een kamer reserveren?** (*vann wann-neer tott wann-neer willt ü èn kaa-mèr ree-ßärr-vee-rèn*, Von wann bis wann möchten Sie ein Zimmer reservieren?)

✔ **Hoeveel nachten blijft u?** (*hu-veel nach-tèn bläijft ü*, Wie viele Nächte bleiben Sie?)

Um mitzuteilen, wie viele Nächte Sie bleiben werden oder für welches Datum Sie reservieren möchten, verwenden Sie einen dieser Sätze:

✔ **Ik wil een kamer reserveren voor … nachten.** (*ick will èn kaa-mèr ree-ßärr-vee-rèn voor … nach-tèn*, Ich möchte ein Zimmer für … Nächte reservieren.)

✔ **Ik wil graag een kamer reserveren van 2 tot 4 september.** (*ick will chraach èn kaa-mèr ree-ßärr-vee-rèn vann twee tott vier ßäpp-tämm-bèr*, Ich würde gern ein Zimmer vom 2. bis 4. September reservieren.)

✔ **Ik blijf ...** (*ick bläijf*, Ich bleibe ...)

- **maar één nacht** (*maar een nacht*, nur eine Nacht)

- **drie nachten** (*drie <u>nach</u>-tèn*, drei Nächte)

- **een week** (*èn week*, eine Woche)

- **tot de 28e** (*tott dè ach-tèn-<u>twinn</u>-tèch-stè*, bis zum 28.)

Welche Art von Zimmer möchten Sie?

Die Person, die Ihre Reservierung entgegennimmt, wird Sie vielleicht nach Ihren Zimmerwünschen fragen:

✔ **Wat voor soort kamer wilt u hebben?** (*watt voor ßo-ort <u>kaa</u>-mèr willt ü <u>häbb</u>-bèn*, Welche Art von Zimmer möchten Sie gern haben?)

Sie können aber auch gleich sagen, was für ein Zimmer Sie wünschen:

✔ **Ik wil graag ...** (*ick will chraach ...*, Ich hätte gern ...)

- **een eenpersoonskamer** (*èn een-pèr-<u>ßoonß</u>-kaa-mèr*, ein Einzelzimmer)

- **een tweepersoonskamer** (*èn twee-pèr-<u>ßoonß</u>-kaa-mèr*, ein Doppelzimmer)

- **een rookvrije kamer** (*èn <u>rook</u>-vräij-jè <u>kaa</u>-mèr*, ein Nichtraucherzimmer)

- **een kamer op de eerste verdieping** (*èn <u>kaa</u>-mèr opp dè <u>eer</u>-ßtè vèr-<u>die</u>-ping*, ein Zimmer im ersten Stock)

✔ **Ik wil graag een kamer met …** (*ick will chraach èn kaa-mèr mätt*, Ich hätte gern ein Zimmer mit …)

- **douche** (*dusch*, Dusche)

- **bad** (*batt*, Bad)

- **een tweepersoonsbed** (*èn twee-pèr-ßoonß-bätt*, Doppelbett)

- **twee eenpersoonsbedden** (*twee een-pèr-ßoonß-bäddèn*, zwei Einzelbetten)

 **Wat voor een?** (*watt voor èn*, Was für ein?) – Aus diesen drei Wörtern besteht die Frage, die man Ihnen im Hotel, bei der Touristeninformation oder bei anderer Gelegenheit stellen wird, um herauszufinden, was Sie sich genau vorgestellt haben.

✔ **Wat voor een kamer wilt u?** (*watt voor èn kaa-mèr willt ü*, Was für ein Zimmer möchten Sie?)

✔ **Wat voor een hotel zoekt u?** (*watt voor èn hoo-täll sukt ü*, Was für ein Hotel suchen Sie?)

✔ **Wat voor een wijn wilt u? Witte of rode?** (*watt voor èn wäijn willt ü. witt-tè off roo-dè*, Welchen Wein möchten Sie? Roten oder weißen?)

Nach dem Preis fragen

Bestimmt möchten Sie auch wissen, wie viel das Hotelzimmer kostet. Dafür gibt es mehrere Möglichkeiten: Sie können nach dem Preis pro Nacht fragen oder nach dem Gesamtpreis inklusiv aller Leistungen.

✔ **Hoeveel kost de kamer per nacht?** (*hu-veel kosst dè kaa-mèr pärr nacht*, Wie viel kostet das Zimmer pro Nacht?)

✔ **Hoeveel is één overnachting met ontbijt?** (*hu-veel iss een oo-vèr-nach-ting mätt onnt-bäijt*, Wie teuer ist eine Übernachtung mit Frühstück?)

✔ **Hoeveel is een kamer met volpension?** (*hu-veel iss èn kaa-mèr mätt voll-pänn-schonn*, Wie teuer ist ein Zimmer mit Vollpension?)

✔ **Hoeveel is een kamer met halfpension?** (*hu-veel iss èn kaa-mèr mätt hallf-pänn-schonn*, Wie teuer ist ein Zimmer mit Halbpension?)

Die Reservierung abschließen

Wenn Sie mit allem einverstanden sind, beenden Sie die Reservierung mit folgenden Worten:

✔ **Wilt u de kamer voor mij reserveren?** (*willt ü dè kaa-mèr voor mäij ree-ßärr-vee-rèn*, Würden Sie bitte das Zimmer für mich reservieren?)

Kleiner Wortschatz

Niederländisch	Aussprache	Deutsch
een overnachting	*oo-vèr-nach-ting*	eine Übernachtung
hoeveel kost ...?	*hu-veel kosst*	wie viel kostet ...?
blijven	*bläij-fèn*	bleiben
aanbevelen	*aan-bè-vee-lèn*	empfehlen
het ontbijt	*hätt onnt-bäijt*	das Frühstück

Im Hotel einchecken

Wenn Sie im Hotel ankommen, müssen Sie sich an **de receptie** (*dè rè-Bäpp-Bie*, der Rezeption) anmelden. Um deutlich zu machen, dass Sie reserviert haben, sagen Sie:

✔ **Ik heb een kamer gereserveerd.** (*ick häpp èn kaa-mèr chè-ree-Bärr-veert*, Ich habe ein Zimmer reserviert.)

✔ **Mijn naam is …** (*mäijn naam iss*, Mein Name ist …)

Wenn Sie nicht vorab reserviert haben, können Sie oben nachlesen, wie Sie nach einem Zimmer fragen.

Die Anmeldung ausfüllen

Man wird Sie bitten, **een formulier** (*èn forr-mü-lier*, ein Formular) an der Rezeption zur Anmeldung auszufüllen. Das Formular wird Ihnen mit folgenden Worten ausgehändigt:

✔ **Wilt u alstublieft dit formulier invullen?** (*willt ü all-Btü-blieft ditt forr-mü-lier inn-völl-lèn*, Würden Sie dieses Formular bitte ausfüllen.)

Was in so einem Formular gefragt wird, ist von Hotel zu Hotel unterschiedlich. Mitunter genügen Name und Anschrift, manchmal sind auch weitere Angaben erforderlich:

✔ **naam** (*naam*, Nachname)

✔ **voornamen** (*voor-naa-mèn*, Vornamen)

✔ **straat en huisnummer** (*Btraat änn hèüjB-nömm-mèr*, Straße und Hausnummer)

✔ **postcode** (*poBt-koo-dè*, Postleitzahl)

✔ **woonplaats** (*woon-plaatB*, Wohnort)

✔ **geboortedatum** (*chè-<u>boor</u>-tè-daa-tömm*, Geburtsdatum)

✔ **geboorteplaats** (*chè-<u>boor</u>-tè-plaatß*, Geburtsort)

✔ **nationaliteit** (*na-ßio-naa-lie-<u>täijt</u>*, Nationalität)

✔ **beroep** (*bè-<u>rupp</u>*, Beruf)

✔ **paspoortnummer** (*<u>pass</u>-poort-nömm-mèr*, Passnummer)

✔ **kenteken auto** (*<u>känn</u>-tee-kèn <u>oo</u>-too*, Autokennzeichen)

✔ **plaats en datum** (*plaatß änn <u>daa</u>-tömm*, Ort und Datum)

✔ **handtekening** (*<u>hannt</u>-tee-kè-ning*, Unterschrift)

Wenn Sie eingecheckt haben, wird man Ihnen Ihre Zimmernummer nennen:

✔ **U heeft kamer nummer 25.** (*ü heeft <u>kaa</u>-mèr <u>nömm</u>-mèr väijf-èn-<u>twinn</u>-tèch*, Sie haben Zimmer Nummer 25.)

Sie werden vom Mitarbeiter an der Rezeption entweder einen elektronischen Schlüssel (das heißt eine Chipkarte für Ihr Zimmer) oder einen herkömmlichen Zimmerschlüssel bekommen.

In Hotels mit herkömmlichen Schlüsseln müssen Sie den Schlüssel bei jedem Verlassen des Hotels an der Rezeption abgeben. Wenn Sie ins Hotel zurückkommen, brauchen Sie natürlich diesen Schlüssel wieder. Sie bitten mit einem dieser Sätze um Ihren Zimmerschlüssel:

✔ **Mag ik mijn sleutel hebben? Nummer 25.** (*mach ick mäijn <u>ßlöh</u>-tèl <u>häbb</u>-bèn. <u>nömm</u>-mèr väijf-èn-<u>twinn</u>-tèch*, Könnte ich meinen Schlüssel haben? Nummer 25.)

✔ **De sleutel van kamer 25 alstublieft.** (*dè <u>ßlöh</u>-tèl vann <u>kaa</u>-mèr väijf-èn-<u>twinn</u>-tèch all-ßtü-<u>blieft</u>*, Den Schlüssel von Zimmer 25, bitte.)

Sie werden wahrscheinlich auch Gepäck bei sich haben, **een koffer** (*èn <u>koff</u>-fèr*, einen Koffer) oder auch **een paar koffers** (*èn paar <u>koff</u>-fèrß*, ein paar Koffer). Um alles zusammenzufassen, verwendet man das Wort **de bagage** (*dè ba-<u>chaa</u>-zschè*, das Gepäck). Falls Sie Hilfe beim Transport brauchen, fragen Sie:

✔ **Kan iemand mij met mijn bagage helpen?** (*kann ie-mannt mäij mätt mäijn ba-<u>chaa</u>-zschè <u>häll</u>-pèn*, Kann mir jemand mit meinem Gepäck helfen?)

Possessivpronomen: »mijn«, »jouw« und der Rest

Possessivpronomen geben an, *wem* etwas gehört:

✔ **Ik heb bagage. Dat is mijn bagage.**

ick häpp ba-<u>chaa</u>-zschè. datt iss mäijn ba-<u>chaa</u>-zschè

Ich habe Gepäck. Das ist mein Gepäck.

✔ **Jij hebt bagage. Dat is jouw bagage.**

jäij häppt ba-<u>chaa</u>-zschè. datt iss jau ba-<u>chaa</u>-zschè

Du hast Gepäck. Das ist dein Gepäck.

Personalpronomen:	Possessivpronomen:
ik	mijn/m'n
jij/je	jouw/je
u	uw
hij	zijn
zij/ze	haar
wij/we	ons/onze
jullie	jullie/je
zij/ze	hun

Beachten Sie, dass **mijn** unveränderlich ist und sich nicht dem Geschlecht des folgenden Substantivs anpasst. Dies gilt übrigens für alle Possessivpronomen, außer **ons**. Man verwendet **m'n** nur in der Umgangssprache. **Jouw** endet auf **w**, genauso wie die Höflichkeitsform **uw**. In beiden Fällen ist das **w** jedoch bei der Aussprache nicht hörbar. In der Schriftsprache verwendet man meistens **jouw: Dank voor jouw mail.** (*dank voor jau meel*, Danke für deine E-Mail.) oder wenn ein Gegensatz zum Ausdruck gebracht werden soll: **Dit is mijn boek, en waar is jouw boek?** (*ditt iss mäijn buck, änn waar iss jau buck*, Dies ist mein Buch und wo ist dein Buch?)

Umgangssprachlich verwenden Niederländer im Allgemeinen **je: Ik heb je mailtje gelezen.** (*ick häpp je meel-tjè chè-lee-sèn*, Ich habe deine E-Mail gelesen.) Das Gleiche gilt für **jullie/je**. In der Schriftsprache sagt man korrekterweise: **Hoe was jullie vakantie?** (*hu wass jöll-lie va-kann-zie*, Wie war euer Urlaub?) Wenn man sich mit mehreren Leuten unterhält, wird man jedoch eher sagen: **Hoe was je vakantie?** (*hu wass jè va-kann-zie*, Wie war euer Urlaub?)

Da **jullie** sowohl als Possessivpronomen als auch als Personalpronomen in der Objekt- und der Subjektform gleich lautet, kann man in einem Satz immer das zweite **jullie** durch **je** ersetzen, um somit ein doppeltes **jullie** zu vermeiden. Man kann also sagen: **Waar hebben jullie jullie boeken?** (*waar häbb-bèn jöll-lie jöll-lie bu-kèn*, Wo habt ihr eure Bücher?) oder: **Waar hebben jullie je boeken?** (*waar häbb-bèn jöll-lie jè bu-kèn*, Wo habt ihr eure Bücher?)

Das Personalpronomen **wij** hat zwei Possessivformen: **ons** und **onze**. Um beide Formen richtig anwenden zu können, müssen Sie wissen, ob es sich auf ein **de**-Wort oder auf ein **het**-Wort bezieht. **De**-Wörter erhalten als Possessivpronomen **onze**, während **het**-Wörter die Form **ons** erfordern:

✔ **de vakantie** wird zu **onze vakantie**

   dè va-kann-zie wird zu *onn-sè va-kann-zie*

   der Urlaub wird zu **unser Urlaub**

✔ **het bad** wird zu **ons bad**

   hätt batt wird zu *onnß batt*

   das Bad wird zu **unser Bad**

Ausstattung und Extras

Wenn Sie sich über die Ausstattung der Zimmer informieren möchten, beginnen Sie Ihre Frage mit:

✔ **Heeft de kamer ...?** (*heeft dè kaa-mèr*, Hat das Zimmer ...?)

- **kabeltelevisie** (*kaa-bèl-tee-lè-vie-sie*, Kabelfernsehen)
- **een minibar** (*èn mie-nie-barr*, eine Minibar)
- **internet** (*inn-tèr-nätt*, Internet)
- **airco** (*ärr-koo*, Klimaanlage)
- **uitzicht op zee** (*èüjt-sicht opp see*, Meerblick)

Falls Sie ungestört schlafen wollen, sollten Sie in Ihrem Zimmer nach einem Schild mit folgender Aufschrift suchen und es außen an Ihre Tür hängen:

✔ **Niet storen** (*niet ßtoo-rèn*, Bitte nicht stören.)

Viele Hotels bieten zusätzliche Leistungen an. Sollten Sie keine schriftlichen Informationen darüber in Ihrem Zimmer entdecken, rufen Sie die Rezeption an und fragen Sie nach:

✔ **Heeft het hotel ...?** (*heeft èt hoo-täll*, Hat das Hotel ...?)

Sie fragen nach einer dieser Dienstleistungen, indem Sie die Frage mit folgenden Wörtern abschließen:

✔ **een sauna** (*èn ßau-naa*, eine Sauna)

✔ **een zwembad** (*èn swämm-batt*, einen Swimmingpool)

✔ **een fitnesszaal** (*èn fitt-nèß-saal*, einen Fitnessraum)

✔ **een wasservice** (*èn wass-ßörr-viss*, einen Wäscheservice)

So möchten Sie vielleicht auch wissen, wie viel die zusätzlichen Leistungen kosten, zum Beispiel mit:

✔ **Hoeveel is de wasservice?** (<u>hu</u>-veel iss dè <u>wass</u>-ßörr-viss, Wie viel kostet der Wäscheservice?)

Die nächsten Sätze sollten Sie parat haben, wenn Sie Fragen zum Frühstück oder zum Zimmerservice haben:

✔ **Hoe laat is het ontbijt?** (hu laat iss èt onnt-<u>bäijt</u>, Wann gibt es Frühstück?)

✔ **Kan ik roomservice krijgen?** (kann ick <u>rumm</u>-ßörr-viss <u>kräij</u>-chèn, Kann ich Zimmerservice bekommen?)

Wenn Sie wissen wollen, ob eine Nachricht für Sie hinterlegt wurde, fragen Sie:

✔ **Heeft iemand een boodschap voor mij achtergelaten?** (heeft <u>ie</u>-mannt èn <u>boot</u>-ßchapp voor mäij <u>ach</u>-tèr-chè-laa-tèn, Hat jemand eine Nachricht für mich hinterlassen?)

Die Rechnung bezahlen und auschecken

Weder im Niederländischen noch im Deutschen gibt es ein Wort für »checking out«. Deshalb benutzt man das halbenglische Wort **uitchecken** (<u>eüjt</u>-tschäck-kèn, auschecken). Mehr über englische Verben mit niederländischer Konjugation finden Sie in Kapitel 7. Wenn Sie wissen möchten, wann Sie das Zimmer bei der Abreise spätestens verlassen müssen, fragen Sie:

✔ **Hoe laat moeten we uit de kamer zijn?** (hu laat <u>mu</u>-tèn wè eüjt dè <u>kaa</u>-mer säijn, Wann müssen wir das Zimmer räumen?)

Wenn es Zeit ist abzureisen, wird das Verb **vertrekken** (*vèr-träck-kèn*, abreisen, starten) benutzt. Gehen Sie mit Ihrem Schlüssel zur Rezeption und sagen Sie:

✔ **Ik vertrek / wij vertrekken.** (*ick vèr-träck / wäij vèr-träck-kèn*, Ich/wir reise(n) ab.)

Nach dieser Ankündigung wird man an der Rezeption Ihre Rechnung fertig machen. Sollte dies nicht der Fall sein, bitten Sie mit folgendem Satz darum:

✔ **Mag ik de rekening alstublieft?** (*mach ick dè ree-kè-ning all-ßtü-blieft*, Kann ich bitte die Rechnung haben?)

Sollten Sie zusätzliche Serviceleistungen in Anspruch genommen haben, wird man Ihnen die auch berechnen. Sie möchten vielleicht an der Rezeption Bescheid geben, dass Sie etwas der Minibar entnommen haben:

✔ **Ik heb … uit de minibar genomen** (*ick häpp … èüjt dè mie-nie-barr chè-noo-mèn*, Ich habe … aus der Minibar genommen.)

Abreise

Wenn Sie das Zimmer morgens räumen müssen, aber erst später abreisen möchten, können Sie Ihr Gepäck meist problemlos ein paar Stunden im Hotel lassen. Mit folgendem Satz fragen Sie danach:

✔ **Kan ik hier de bagage achterlaten tot … uur?** (*kann ick hier dè ba-chaa-zschè ach-tèr-laa-tèn tott … üür*, Kann ich das Gepäck bis … Uhr hierlassen?)

Wenn Sie später zurückkommen, um das Gepäck abzuholen, sagen Sie:

✔ **Mag ik alstublieft mijn bagage?** (*mach ick all-ßtü-<u>blieft</u> mäijn ba-<u>chaa</u>-zschè*, Kann ich bitte mein Gepäck haben?)

Wenn Sie zum Flughafen oder zum Zug mit einem Taxi gebracht werden wollen, fragen Sie an der Rezeption:

✔ **Kunt alstublieft een taxi bellen?** (*könnt ü all-ßtü-<u>blieft</u> èn <u>tack</u>-kßie <u>bäll</u>-lèn*, Können Sie bitte ein Taxi rufen?)

Bevor man ein Taxi für Sie bestellt, wird man Sie fragen, wohin die Fahrt gehen soll. Daher sollten Sie die genaue Bezeichnung des Ziels parat haben, wenn die folgende Frage kommt:

✔ **Waar moet u naartoe?** (*waar mutt ü naar-<u>tu</u>*, Wo müssen Sie hin?)

Kleiner Wortschatz

Niederländisch	Aussprache	Deutsch
de kamer	*dè <u>kaa</u>-mèr*	das Zimmer
reserveren	*ree-ßärr-<u>veer</u>-èn*	reservieren
de rekening	*dè <u>ree</u>-kè-ning*	die Rechnung
uitchecken	*<u>eüjt</u>-tschäck-kèn*	auschecken
vertrekken	*vèr-<u>träck</u>-kèn*	abreisen, starten
het formulier	*hätt forr-mü-<u>lier</u>*	das Formular
invullen	*<u>inn</u>-völl-lèn*	ausfüllen

Trennbare Verben im Perfekt und Imperfekt

Im Niederländischen kennt man viele Verben, die sich in zwei Teile zerlegen lassen. Sie beginnen oft mit einer Präposition, wie zum Beispiel **achter-**, **in-** oder **uit-**:

- ✔ **achterlaten** (_ach-tèr-laa-tèn_, zurücklassen)

- ✔ **invullen** (_inn-völl-lèn_, ausfüllen)

- ✔ **uitchecken** (_èüjt-tschäck-kèn_, auschecken)

Nicht alle Verben, die mit einer Präposition oder einem Präfix beginnen, sind auch trennbar. Denken Sie an **ontbijten** (_onnt-bäij-tèn_, frühstücken) oder **voorkómen** (_voor-koo-mèn_, verhindern), die nicht trennbar sind. Entscheidend ist dabei immer die Betonung innerhalb des Wortes. Nur wenn die Betonung auf dem ersten Verbteil, also dem Präfix beziehungsweise der Präposition liegt, ist das Verb trennbar. In Kapitel 3 finden Sie mehr zum Thema Präpositionen.

Denken Sie daran, dass trennbare Verben im Deutschen und im Niederländischen nicht in allen Zeitformen getrennt werden. Im Präsens ist das jedoch der Fall:

- ✔ **Ik laat mijn bagage achter.** (_ick laat mäijn ba-chaa-zschè ach-tèr_, Ich lasse mein Gepäck zurück.)

Trennbare Verben werden im Perfekt nicht in zwei Teile zerlegt. Das Partizip, das Sie zur Bildung des Perfekts als Zeitform benötigen, besteht aus nur einem Wort. Folgendes Beispiel zeigt Ihnen, wie Sie das Partizip Perfekt der trennbaren Verben bilden:

✔ **achterlaten** wird zu **achtergelaten**

Ik heb de bagage achtergelaten. (*ick häpp dè ba-chaa-zschè <u>ach</u>-tèr-chè-laa-tèn*, Ich habe das Gepäck zurückgelassen.)

✔ **invullen** wird zu **ingevuld**

Ik heb het formulier ingevuld. (*ick häpp èt forr-mü-lier <u>inn</u>-chè-völlt*, Ich habe das Formular ausgefüllt.)

✔ **uitchecken** wird zu **uitgechekt**

Wij hebben uitgecheckt. (*wäij <u>häbb</u>-bèn <u>èüjt</u>-chè-tschäckt*, Wir haben ausgecheckt.)

Sie beginnen also mit der Präposition **achter-**, **in-**, **uit-**, der die Silbe **ge** folgt, die für das Partizip typisch ist. Nach **ge** kommt der Rest des Verbs. Das ist sozusagen der Unterschied zum »normalen« Partizip Perfekt, das immer mit **ge-** beginnt:

✔ **werken** wird zu **gewerkt**

Ik heb gewerkt. (*ick häpp chè-<u>wärrkt</u>*, Ich habe gearbeitet.)

Trennbare Verben werden außer im Präsens auch noch im Imperfekt in zwei Teile zerlegt. Schauen Sie sich dazu diese Beispielsätze an:

✔ **Ik laat de bagage achter.** (*ick laat dè ba-<u>chaa</u>-zschè <u>ach</u>-tèr*, Ich lasse das Gepäck zurück.)

✔ **Ik liet de bagage achter.** (*ick liet dè ba-<u>chaa</u>-zschè <u>ach</u>-tèr*, Ich ließ das Gepäck zurück.)

> ### In diesem Kapitel
> - ✔ Bei Notfällen oder einem Unfall um Hilfe bitten
> - ✔ Mit dem Arzt sprechen
> - ✔ Mit der Polizei sprechen

Ich hoffe, dass Sie die Redewendungen und Ausdrücke, die ich in diesem Kapitel vorstelle, nie brauchen werden. Allerdings könnten sie in Notfällen, bei einem Arztbesuch oder bei einem Gespräch mit der Polizei sehr hilfreich sein und deshalb sollten Sie auch dieses Kapitel sorgfältig lesen.

Bei Notfällen oder einem Unfall um Hilfe bitten

Bei einem Unglück kommt es vor allem darauf an, einen kühlen Kopf zu bewahren, um der Polizei oder dem Arzt in Ruhe das Problem schildern zu können. Versuchen Sie also ruhig zu bleiben. Meistens können Sie sich auch auf Englisch oder Deutsch verständlich machen, ein paar niederländische Begriffe zu kennen, wird Ihnen jedoch mehr Sicherheit geben.

Um Hilfe rufen

Folgende Ausdrücke sind nützlich, wenn Sie um Hilfe rufen müssen:

✔ **Help!** (*hällp*, Hilfe!)

Im Falle eines Feuers:

✔ **Brand!** (*brannt*, Feuer!)

Alle Mitgliedsstaaten der EU haben dieselbe, kostenfreie Rufnummer für Notfälle: 112, egal ob man damit die Polizei, die Feuerwehr, einen Notarzt oder den Krankenwagen rufen will. Man wird Sie in der Zentrale fragen, welche Hilfe Sie benötigen, und Sie dann mit der entsprechenden Stelle in Ihrer Nähe verbinden.

Wenn Sie jemanden auffordern wollen, die Notrufnummer anzurufen, sagen Sie einfach:

✔ **Bel 112.** (*bäll een-een-twee*, Rufen Sie 112 an.)

Wenn Sie die Nummer in der Aufregung vergessen haben, können Sie auch rufen:

✔ **Bel de politie.** (*bäll dè poo-lie-zie*, Rufen Sie die Polizei.)

✔ **Bel een ambulance.** (*bäll èn amm-bü-lann-ßè*, Rufen Sie einen Krankenwagen.)

✔ **Bel de brandweer.** (*bäll dè brannt-weer*, Rufen Sie die Feuerwehr.)

✔ **Haal een dokter!** (*haal èn dock-tèr*, Holen Sie einen Arzt.)

Wenn Sie zu aufgeregt oder zu schwach sind, um noch in einer Fremdsprache zu kommunizieren, können Sie sich auch danach erkundigen, ob jemand Ihre Sprache spricht:

✔ **Spreekt er iemand Duits?** (*ßpreekt ärr ie-mannt dèüjtß*, Spricht hier jemand Deutsch?)

✔ **Spreekt er iemand Engels?** (*ßpreekt ärr ie-mannt äng-èlß*, Spricht hier jemand Englisch?)

Ein Problem schildern

Wenn Sie jemandem einen Vorfall schildern wollen oder wenn Sie mitteilen möchten, dass es Verletzte gibt, können Ihnen diese einfachen Sätze weiterhelfen:

- ✔ **Er is een ongeluk gebeurd.** (*ärr iss èn <u>onn</u>-chè-löck chè-<u>böhrt</u>*, Es gab einen Unfall.)

- ✔ **Ik ben gewond.** (*ick bänn chè-<u>wonnt</u>*, Ich bin verletzt.)

- ✔ **Er zijn gewonden.** (*ärr säijn chè-<u>wonn</u>-dèn*, Es gibt Verletzte.)

Auch auf andere Zwischenfälle sollten Sie vorbereitet sein, zum Beispiel Diebstahl:

- ✔ **Ik wil aangifte doen van diefstal.** (*ick will aan-<u>chiff</u>-tè dun vann <u>dieff</u>-ßtall*, Ich möchte einen Diebstahl melden.)

- ✔ **Houd de dief.** (*haut dè dieff*, Haltet den Dieb.)

Obwohl die meisten von uns immer ein Handy dabeihaben, können Sie entlang der Autobahn auch die gelben **praatpalen** (*<u>praat</u>-paa-lèn*, Notfalltelefone) benutzen. Sie sind ganz einfach zu handhaben: Wenn Sie auf den darauf befindlichen Knopf drücken, wird sich jemand von der **Alarmcentrale** (*aa-<u>larrm</u>-ßänn-traa-lè*, Notfallzentrale) melden und Sie fragen, wo Sie Hilfe benötigen. Obwohl die Zentrale auf einem Bildschirm sehen kann, von welchem **praatpaal** Sie gerade sprechen, müssen Sie den Standort, an dem Sie Hilfe benötigen noch genauer angeben. Außerdem wird man Sie fragen, was für einen Notfall Sie melden möchten. Falls Sie die Hilfe der Polizei und der Feuerwehr brauchen oder einen Krankenwagen, wird man Sie mit den Diensten in der näheren Umgebung telefonisch verbinden. Sie werden Ihnen die gleichen Fragen dann noch einmal stellen.

Sollten Sie eine Autopanne haben, wird die **Alarmcentrale** Sie nach dem Kennzeichen Ihres Autos und Ihrer Mitgliedschaft im **ANWB** (*aah-änn-weej-beej*, der niederländische ADAC) fragen. Auch wenn Sie kein Mitglied sind, wird man Ihnen dort weiterhelfen. Mitglieder zahlen jedoch weniger oder gar nichts, je nachdem, worum es sich handelt.

Medizinische Hilfe

Wenn Sie medizinische Hilfe benötigen, fragen Sie nach einem Arzt oder aber nach einem Krankenhaus beziehungsweise der Notaufnahme, indem Sie sagen:

✔ **Kunt u een ambulance voor me bellen?** (*könnt ü èn amm-bü-lann-ßè voor mè bäll-lèn*, Können Sie einen Krankenwagen für mich rufen?)

✔ **Ik moet snel naar een ziekenhuis.** (*ick mutt ßnäll naar èn sie-kèn-hèüjß*, Ich muss schnell ins Krankenhaus.)

✔ **Ik heb een arts nodig.** (*ick häpp èn arrtß noo-dèch*, Ich brauche einen Arzt.)

✔ **Waar is de dichtstbijzijnde EHBO-post?** (*waar iss dè dichßt-bäij-säijn-dè eej-haah-beej-ooh-posst*, Wo ist die nächste Notaufnahme?)

✔ **Waar is het dichtstbijzijnde ziekenhuis?** (*waar iss èt dichßt-bäij-säijn-dè sie-kèn-hèüjß*, Wo ist das nächste Krankenhaus?)

Wenn Sie die ärztliche Hilfe nicht so dringend brauchen, reicht die Frage:

✔ **Waar is de dichtsbijzijnde artsenpraktijk?** (*waar iss dè <u>dichßt</u>-bäij-säijn-dè <u>arr</u>-zèn-prack-täijk*, Wo ist die nächste Arztpraxis?)

Symptome erklären

Sie haben Bauchschmerzen? Der Nacken ist verspannt oder fühlen Sie sich hundeelend? Hier erfahren Sie alles, was Sie brauchen, um ausdrücken zu können, dass Sie sich nicht wohlfühlen oder wo es schmerzt. Der Arzt könnte Ihnen diese Frage stellen:

✔ **Wat scheelt er aan?** (*watt ßcheelt ärr-aan*, Wo fehlt es?)

Mit einem dieser Sätze könnten Sie antworten:

✔ **Ik voel me niet lekker.** (*ick vull mè niet <u>läck</u>-kèr*, Ich fühle mich nicht wohl.)

✔ **Ik ben ziek.** (*ick bänn sieck*, Ich bin krank.)

✔ **Ik heb koorts.** (*ick häpp koorts*, Ich habe Fieber.)

✔ **Ik heb last van misselijkheid.** (*ick häpp lasst vann <u>miss</u>-ßè-lèk-häijt*, Mir ist übel.)

✔ **Ik kan mijn arm niet bewegen.** (*ick kann mäijn arrm niet bè-<u>wee</u>-chèn*, Ich kann meinen Arm nicht bewegen.)

✔ **Ik ben gebeten door een hond.** (*ick bänn chè-<u>bee</u>-tèn door èn honnt*, Ich wurde von einem Hund gebissen.)

Falls Sie irgendwo Schmerzen haben, beginnen Sie Ihren Satz mit:

✔ **Ik heb pijn in …** (*ick häpp päijn inn*, Ich habe Schmerzen in/an …)

- **mijn nek** (*mäijn näck*, meinem Nacken)

- **mijn buik** (*mäijn bèüjk*, meinem Bauch)

- **mijn keel** (*mäijn keel*, meinem Hals)

✔ **Ik heb erge pijn in …** (*ick häpp <u>ärr</u>-chè päijn inn*, Ich habe starke Schmerzen in/an …)

Wenn der Arzt Sie fragt: »Was tut Ihnen weh?«, können Sie eines der folgenden Körperteile nennen:

✔ **de arm** (*dè arrm*, der Arm)

✔ **het been** (*hätt been*, das Bein)

✔ **de borst** (*dè borrßt*, die Brust)

✔ **de dij** (*dè däij*, der Oberschenkel)

✔ **de elleboog** (*dè <u>äll</u>-lè-booch*, der Ellenbogen)

✔ **de enkel** (*dè <u>äng</u>-kèl*, der Knöchel)

✔ **het gezicht** (*hätt chè-<u>sicht</u>*, das Gesicht)

✔ **de hand** (*dè hannt*, die Hand)

✔ **de heup** (*dè höhp*, die Hüfte)

✔ **het hoofd** (*hätt hooft*, der Kopf)

✔ **de kin** (*dè kinn*, das Kinn)

✔ **de knie** (*dè knie*, das Knie)

✔ **de kuit** (*dè kèüjt*, die Wade)

✔ **de mond** (*dè monnt*, der Mund)

✔ **de neus** (*dè nöhß*, die Nase)

✔ **de nek** (*dè näck*, der Nacken)

✔ **het oog** (*hätt ooch*, das Auge)

✔ **het oor** (*hätt oor*, das Ohr)

✔ **de rug** (*dè röch*, der Rücken)

✔ **de schouder** (*dè ßchau-dèr*, die Schulter)

✔ **de teen** (*dè teen*, die Zehe)

✔ **de vinger** (*dè ving-èr*, der Finger)

✔ **de voet** (*dè vutt*, der Fuß)

Innere Organe sind:

✔ **de blinde darm** (*dè blinn-dè darrm*, der Blinddarm)

✔ **de darmen** (*dè darr-mèn*, die Därme)

✔ **het hart** (*hätt harrt*, das Herz)

✔ **de keel** (*dè keel*, die Kehle)

✔ **de lever** (*dè lee-vèr*, die Leber)

✔ **de maag** (*dè maach*, der Magen)

✔ **de nier** (*dè nier*, die Niere)

✔ **de tong** (*dè tong*, die Zunge)

Besondere Umstände nennen

Für die richtige Behandlung ist es wichtig, dass Sie den Arzt oder Zahnarzt über Allergien oder sonstige besondere Umstände und Erkrankungen informieren. Um das zu tun, beginnen Sie einen Satz mit:

✔ **Ik ben ...** (*ick bänn*, Ich bin ...)

- **zwanger** (*swang-èr*, schwanger)

- **diabeet** (*die-jaa-beet*, Diabetiker)

- **allergisch voor pollen** (*a-lärr-chieß voor poll-lèn*, Pollenallergiker)

✔ **Ik heb ...** (*ick häpp*, Ich habe ...)

- **een hartprobleem** (*èn harrt-proo-bleem*, Probleme mit dem Herz)

- **hoge bloeddruk** (*hoo-chè blutt-dröck*, hohen Blutdruck)

- **astma** (*asst-maa*, Asthma)

- **epilepsie** (*ee-pie-läpp-pßie*, Epilepsie)

Diese ergänzenden Sätze könnten ebenfalls nützlich sein:

✔ **Ik ben er al eerder voor behandeld.** (*ick bänn ärr all eer-dèr voor bè-hann-dèlt*, Ich war damit bereits in Behandlung.)

✔ **Ik ben er al eerder aan geopereerd.** (*ick bänn ärr all eer-dèr aan chè-oo-pèr-reert*, Ich wurde bereits daran operiert.)

Das Partizip Perfekt von Verben, die mit ont-, be-, ge-, her-, ver- und er- beginnen

Einige Verben im Niederländischen sind trennbar. Sie beginnen mit einem Präfix, das heißt einer Präposition wie zum Beispiel **in**- oder **aan**-. Diese Präposition oder das erste Glied des Verbs ist immer betont. Es gibt im Niederländischen aber auch Verben, die mit einem unbetonten Präfix beginnen. Zu dieser Gruppe der untrennbaren Verben gehören Verben, die mit den unbetonten Vorsilben **ont**-, **be**-, **ge**-, **her**-, **ver**- oder **er**- beginnen. Beispiele dafür sind:

✔ **ontmoeten** (*onnt-mu-tèn*, sich treffen)

✔ **behandelen** (*bè-hann-dè-lèn*, behandeln)

✔ **gebruiken** (*chè-brèüj-kèn*, verwenden)

✔ **herinneren** (*härr-rinn-nè-rèn*, erinnern)

✔ **vertellen** (*vèr-täll-lèn*, erzählen)

✔ **ervaren** (*ärr-vaa-rèn*, erfahren, empfinden)

Trennbare Verben lassen sich in den Zeitformen Präsens und Imperfekt in zwei Teile zerlegen, dies ist bei untrennbaren Verben dahingegen nicht möglich. Vergleichen Sie das trennbare Verb **opstaan** mit dem untrennbaren **ontmoeten**:

✔ **opstaan** (*opp-ßtaan*, aufstehen)

  • **ik sta op** (*ick ßtaa opp*, ich stehe auf)

  • **ik stond op** (*ick ßtonnt opp*, ich stand auf)

✔ **ontmoeten** (*onnt-mu-tèn*, treffen)

   • **ik ontmoet** (*ick onnt-mutt*, ich treffe)

   • **ik ontmoette** (*ick onnt-mu-tè*, ich traf)

Das Partizip Perfekt eines trennbaren Verbs bildet man, indem das grammatikalische Element **ge-** zwischen Vorsilbe und Verbteil gestellt wird:

✔ **opstaan** wird zu **op-ge-staan**

   • **Ik ben laat opgestaan.** (*ick bänn laat opp-chè-ßtaan*, Ich bin spät aufgestanden.)

Bei einem nicht trennbaren Verb fällt dieses **ge-** weg:

✔ **ontmoeten** wird zu **ontmoet**

   • **Ik heb hem nooit ontmoet.** (*ick häpp hämm nooijt onnt-mutt*, Ich habe ihn nie getroffen.)

Schauen Sie sich diese Beispiele nicht trennbarer Verben an:

✔ **De dokter heeft mij goed behandeld.** (*dè dock-tèr heeft mè chutt bè-hann-dèlt*, Der Arzt hat mich gut behandelt.)

✔ **Ik heb geen medicijnen gebruikt.** (*ick häpp che-en mee-die-ßäij-nèn chè-brèüjkt*, Ich habe keine Medikamente genommen.)

✔ **Mijn vrouw heeft me aan de afspraak herinnerd.** (*mäijn vrau heeft mè aan dè aff-ßpraak härr-rinn-nèrt*, Meine Frau hat mich an den Termin erinnert.)

Untersuchung und Diagnose

Während der Untersuchung könnte Ihnen der Arzt einige Fragen stellen:

✔ **Wat zijn uw klachten?** (*watt säijn üu <u>klach</u>-tèn*, Welche Beschwerden haben Sie?)

✔ **Heeft u pijn?** (*heeft ü päijn*, Haben Sie Schmerzen?)

✔ **Waar doet het pijn?** (*waar dutt èt päijn*, Wo tut es weh?)

✔ **Doet dit pijn?** (*dutt ditt päijn*, Tut das weh?)

✔ **Hoe lang heeft u hier al last van?** (*<u>hu</u> lang heeft ü hier all lasst vann*, Wie lange haben Sie diese Beschwerden schon?)

✔ **Gebruikt u medicijnen?** (*chè-<u>brèüjkt</u> ü mee-die-ßäij-nèn*, Nehmen Sie Medikamente?)

✔ **Bent u ergens allergisch voor?** (*bännt ü <u>ärr</u>-chèn a-<u>lärr</u>-chieß voor*, Haben Sie Allergien?)

Und nun ein paar Anweisungen, die Ihnen der Arzt geben könnte:

✔ **Wilt u alstublieft uw mouw oprollen?** (*willt ü all-ßtü-<u>blieft</u> üu mau <u>opp</u>-roll-lèn*, Würden Sie bitte Ihren Ärmel hochkrempeln?)

✔ **Wilt u alstublieft uw trui uitdoen?** (*willt ü all-ßtü-<u>blieft</u> üu trèüj <u>èüjt</u>-dun*, Würden Sie bitte Ihren Pullover ausziehen?)

✔ **Wilt u gaan liggen?** (*willt ü chaan <u>lich</u>-chèn*, Würden Sie sich bitte hinlegen?)

✔ **Wilt u uw mond opendoen?** (*willt ü üu monnt <u>oo</u>-pèn-dun*, Würden Sie bitte Ihren Mund öffnen?)

✔ **Zucht eens diep.** (*söcht ènß diepp*, Tief ausatmen.)

Kleiner Wortschatz

Niederländisch	Aussprache	Deutsch
ziek zijn	*sieck säijn*	krank sein
pijn doen	*päijn dun*	wehtun, schmerzen
de klachten	*dè klach-tèn*	die Beschwerden
erg	*ärrch*	stark, schlimm
bewegen	*dè ach-tèr-back*	bewegen

Nach der Untersuchung wird der Arzt Ihnen seine **diagnose** (*die-jach-noo-sè*, Diagnose) mitteilen, in der Sie erfahren, was Ihnen fehlt.

Sie werden erleichtert sein, wenn er sagt:

✔ **U heeft kou gevat.** (*ü heeft kau chè-vatt*, Sie haben sich erkältet.)

✔ **Het is niets ernstigs.** (*hätt iss nietß ärrn-ßtèchß*, Es ist nichts Ernsthaftes.)

Der Arzt könnte auch sagen:

✔ **U heeft …** (*ü heeft*, Sie haben …)

- **griep** (*chriepp*, Grippe)

- **een hersenschudding** (*èn härr-ßèn-ßchödd-ding*, eine Gehirnerschütterung)

- **een ontsteking** (*èn onnt-ßtee-king*, eine Entzündung)

- **een infectie** (*èn inn-fäck-kßie*, eine Infektion)

- **een blindedarmontsteking** (*èn blinn-dè-darrm-onnt-ßtee-king*, eine Blinddarmentzündung)

- **een longontsteking** (*èn long-onnt-ßtee-king*, eine Lungenentzündung)
- **ontstoken amandelen** (*onnt-ßtoo-kèn a-mann-dè-lèn*, entzündete Mandeln)
- **een voedselvergiftiging** (*èn vutt-zèl-vèr-chiff-ti-ching*, eine Lebensmittelvergiftung)

Der Arzt könnte ebenfalls sagen:

✔ **Uw bot ...** (*üu bott*, Ihr Knochen ...)

- **is gebroken** (*iss chè-broo-kèn*, ist gebrochen)
- **is gescheurd** (*iss chè-ßchöhrt*, ist angebrochen)
- **is gekneusd** (*iss chè-knöhßt*, ist geprellt)

✔ **U heeft een spier gescheurd.** (*ü heeft èn ßpier chè-ßchöhrt*, Sie haben einen Muskelriss.)

✔ **U heeft een spier verrekt.** (*ü heeft èn ßpier vèr-räckt*, Sie haben eine Muskelzerrung.)

Die Behandlung

Nachdem der Arzt Ihnen gesagt hat, was Sie haben, wird er Ihnen auch eine entsprechende Behandlung vorschlagen:

✔ **Ik schrijf u ... voor.** (*ick ßchräijf ü... voor*, Ich schreibe Ihnen ... auf.)

- **een pijnstiller** (*èn päijn-ßtill-lèr*, ein Schmerzmittel)
- **een kalmerend middel** (*èn kall-mee-rènt midd-dèl*, ein Beruhigungsmittel)
- **een slaapmiddel** (*èn ßlaap-midd-dèl*, ein Schlafmittel)
- **antibiotica** (*ann-tie-bie-joo-tie-kaa*, Antibiotika)

Oder der Arzt gibt Ihnen eine Überweisung:

✔ **U moet een röntgenfoto laten maken.** (*ü mutt èn rönnt-gèn-foo-too laa-tèn maa-kèn*, Sie müssen sich röntgen lassen.)

✔ **Ik moet u naar een specialist verwijzen.** (*ick mutt ü naar èn ßpee-ßjaa-lisst vèr-wäij-sèn*, Ich muss Sie zu einem Spezialisten schicken.)

Der Arzt wird Ihnen **een recept** (*èn rè-ßäppt*, ein Rezept) geben, das Sie in **een apotheek** (*èn a-poo-teek*, einer Apotheke) gegen die erforderlichen **medicijnen** (*mee-die-ßäij-nèn*, Medikamente) einlösen können.

Hier ein paar Ausdrücke, die Ihnen zu verstehen helfen, wann und wie oft Sie das empfohlene Medikament einnehmen sollen:

✔ **U moet een tablet nehmen ...** (*ü mutt èn ta-blätt nee-mèn*, Sie müssen eine Tablette ... nehmen.)

  • **drie keer per dag** (*drie keer pärr dach*, drei Mal täglich)

  • **na elke maaltijd** (*naa äll-kè maal-täijt*, nach jeder Mahlzeit)

  • **met wat water** (*mätt watt waa-tèr*, mit etwas Wasser)

  • **voor het slapengaan** (*voor èt ßlaa-pèn-chaan*, vor dem Einschlafen)

In den Niederlanden sind einige Medikamente, wie Aspirin und Paracetamol, aber auch diverse Hustensäfte nicht apothekenpflichtig und daher in jeder **drogisterij** (*droo-chiss-tè-räij*, Drogerie) erhältlich.

Diese Geschäfte gehören zu großen **winkelketens** (*wing-kèl-kee-tènß*, Ladenketten), deren Produkte von Zahnpasta über Putzmittel bis zu Strümpfen und Sonnenschirmen reichen.

Beim Zahnarzt

Falls Sie sich auf Niederländisch mit Ihrem Zahnarzt verständigen möchten, brauchen Sie folgende Sätze. Bevor Sie sich in seinen **tandartsstoel** (*tannt-arrtß-ßtull*, Behandlungsstuhl) setzen, könnte er Sie fragen:

✔ **Wat is het probleem?** (*watt iss èt proo-bleem*, Was für ein Problem haben Sie?)

Sie könnten dann eine der folgenden Antworten brauchen:

✔ **Ik heb kiespijn.** (*ick häpp kieß-päijn*, Ich habe Zahnschmerzen.)

✔ **Ik heb mijn vulling verloren.** (*ick häpp mäijn völl-ling vèr-loo-rèn*, Ich habe meine Füllung verloren.)

✔ **Ik heb mijn kunstgebit gebroken.** (*ick häpp mäijn könßt-chè-bitt chè-broo-kèn*, Mir ist mein Gebiss gebrochen).

Um Ihnen mitzuteilen, was Ihnen fehlt, könnte der Zahnarzt einen der folgenden Ausdrücke verwenden:

✔ **U heeft …** (*ü heeft*, Sie haben …)

- **een gaatje** (*èn chaat-jè*, ein kleines Loch)
- **een zenuwontsteking** (*èn see-nüu-onnt-ßtee-king*, einen entzündeten Nerv)

Wahrscheinlich hören Sie einen dieser Sätze, wenn Ihnen der Zahnarzt erklärt, was er nun unternehmen wird:

✔ **Ik geef u een ...**(*ick cheef ü èn*, Ich gebe/mache Ihnen eine ...)

- **noodvulling** (*noot-völl-ling*, provisorische Füllung)

- **wortelkanaalbehandeling** (*worr-tèl-ka-naal-bè-hann-dè-ling*, Wurzelkanalbehandlung)

- **zenuwbehandeling** (*see-nüu-bè-hann-dè-ling*, Behandlung des Zahnnervs)

✔ **Ik moet deze kies trekken.** (*ick mutt dee-sè kieß träck-kèn*, Ich muss diesen Zahn ziehen.)

✔ **Ik moet deze kies vullen.** (*ick mutt dee-sè kieß völl-lèn*, Dieser Zahn benötigt eine Füllung.)

Mit der Polizei sprechen

Vielleicht haben Sie gerade entdeckt, dass bei Ihnen eingebrochen wurde. Es wurde zwar etwas gestohlen, aber der Einbrecher hat Ihr Buch *Sprachführer Niederländisch für Dummies* nicht mitgenommen. Sie haben Glück. Diese Sätze werden Ihnen weiterhelfen:

✔ **Waar is het politiebureau?** (*waar iss èt poo-lie-zie-bü-roo*, Wo ist die Polizeidienststelle?)

Falls Sie etwas melden beziehungsweise anzeigen möchten:

✔ **Ik wil aangifte doen van ...** (*ick will aan-chiff-tè dun vann*, Ich möchte eine Anzeige erstatten wegen ...)

- **diefstal** (*dieff-ßtall*, Diebstahl)

- **zakkenrollerij** (*sack-kèn-roll-lè-räij*, Taschendiebstahl)

- **inbraak** (*inn-braak*, Einbruch)

- **het openbreken van mijn auto** (*hätt op-pèn-bree-kèn vann mäijn oo-too*, Aufbrechen meines Autos)

- **vernieling** (*vèr-nie-ling*, Vandalismus)

Bei einem Einbruch wird die Polizei mit Ihnen persönlich sprechen wollen. Ein Polizeibeamter wird sich Ihre Schilderungen anhören und in einem **proces-verbaal** (*proo-ßäss värr-baal*, einer schriftlichen Anzeige) niederlegen. Bei kleineren Delikten, wie dem Diebstahl eines Fahrrads, wird man Sie bitten, ein Formular auszufüllen. Der Polizist wird Sie fragen:

✔ **Wilt u dit formulier invullen?** (*willt ü ditt forr-mü-lier inn-völl-lèn*, Würden Sie dieses Formular bitte ausfüllen?)

Beschreiben, was gestohlen wurde

Um anzugeben, dass Ihnen etwas entwendet wurde, sagen Sie:

✔ **Mijn … is gestolen.** (*mäijn … iss chè-ßtoo-lèn*, Mein(e) … wurde gestohlen.)

- **portefeuille** (*porr-tè-fèüj-jè*, Brieftasche)

- **portemonnee** (*porr-tè-moo-nee*, Portemonnaie)

- **handtas** (*hann-tass*, Handtasche)

- **tas** (*tass*, Tasche)

- **digitale camera** (*die-chie-taa-lè kaa-mè-raa*, Digitalkamera)

- **videocamera** (*vie-die-joo-kaa-mè-raa*, Videokamera)

- **mobiele telefoon** (*moo-bie-lè tee-lè-foon*, Handy)

- **geld** (*chällt*, Geld)

- **pinpas** (*pinn-pass*, EC-Karte)

- **creditcard** (*krädd-ditt-karrt*, Kreditkarte)

- **reisdocumenten** (*räijß-doo-kü-männ-tèn*, Reiseunterlagen)

- **paspoort** (*pass-poort*, Reisepass)

- **baggage** (*ba-chaa-zschè*, Gepäck)

Wenn Sie genug Niederländisch verstehen, um ein Formular ausfüllen zu können, sollten Sie den Online-Service der niederländischen Polizei unter www.politie.nl nutzen. Wenn Sie einen Taschendiebstahl oder etwas Ähnliches melden wollen, sollten Sie den Hinweis **aangifte doen** (*aan-chiff-tè dun*, Anzeige erstatten) suchen. Sie können auch telefonisch mit der Polizei Kontakt aufnehmen, wählen Sie dann (0900-8844).

Kleiner Wortschatz

Niederländisch	Aussprache	Deutsch
aangifte doen	*aan-chiff-tè dun*	Anzeige erstatten
de dief	*dè dieff*	der Dieb
besccchrijven	*bè-ßchräij-vèn*	beschreiben
ongeveer	*onn-chè-veer*	ungefähr, circa
de documenten	*doo-kü-männ-tèn*	die Dokumente

Ihre Rechte im Ausland

Falls Sie einmal in Schwierigkeiten geraten sollten und Hilfe in rechtlichen Angelegenheiten benötigen, werden diese Sätze nützlich sein:

- ✔ **Ik heb een advocaat nodig.** (*ick häpp èn att-voo-<u>kaat</u> <u>noo</u>-dèch*, Ich möchte einen Anwalt.)

- ✔ **Ik wil graag de ambassade bellen.** (*ick will chraach dè amm-ba-<u>saa</u>-dè <u>bäll</u>-lèn*, Ich möchte die Botschaft anrufen.)

Irgendwann werden Sie mit der niederländischen Sprache vertraut sein und vielleicht fallen Ihnen dann plötzlich einige sehr häufig verwendete Redensarten auf. Jetzt ist es an der Zeit, sie auch selbst einzusetzen.

We bellen hè?

wè <u>*bäll*</u>*-lèn hä*

Wörtlich übersetzt heißt es: »Wir telefonieren, ja?« Man kann es beim Abschied von Freunden oder Bekannten benutzen. Es bedeutet, dass man sich wiedersieht, man weiß nur noch nicht wo und wann.

Ik ga het niet redden

ick chaa èt niet <u>*rädd*</u>*-dèn*

Dieser Ausdruck bedeutet: »Ich schaffe es nicht.« Sie können ihn verwenden, wenn es Ihnen nicht gelingt, eine Sache zu Ende zu bringen, oder wenn Sie sich bei einer privaten oder beruflichen Verabredung verspäten werden.

Niet te geloven

niet tè chè-<u>*loo*</u>*-vèn*

Wenn Ihnen jemand etwas Überraschendes erzählt und Sie nicht gleich wissen, wie Sie darauf reagieren sollen, können Sie mit diesem Ausruf Zeit gewinnen. Übersetzen kann man diesen Ausdruck mit: »Kaum zu glauben« oder »Unglaublich«. Die Frage **Echt waar?** (*ächt waar*) drückt auch Verwunderung und Unglauben aus. Es bedeutet: »Wirklich?«

Der Ausdruck **Nee toch** (*nee toch*) bedeutet ebenfalls so etwas wie »Nein, nicht wirklich, oder?« und kann ebenfalls als Reaktion auf eine unglaubliche Geschichte oder Aussage verwendet werden. **Niet te geloven**, **echt waar** und **nee toch** kommen vor allem dann zum Einsatz, wenn etwas Negatives erzählt wird.

Tjonge jonge

tschjong-è jong-è

Das kann man ganz einfach mit »Junge, Junge« oder »Mein lieber Mann« oder auch »Mann, Mann« übersetzen. Diese Reaktion auf eine unglaubliche Geschichte kann leicht zynisch klingen, lässt sich aber mit dem Zusatz **Wie had dat ooit gedacht** (*wie hatt datt ooijt chè-<u>dacht</u>*, Wer hätte das gedacht?) etwas neutralisieren.

Mij niet gezien

mäij niet chè-<u>sien</u>

Diese Redewendung wird oft eingesetzt, wenn man ausdrücken möchte, dass etwas für einen selbst nicht infrage kommt. Sie könnten es verwenden, wenn Ihnen ein Freund erzählen würde: **Ik heb vanmorgen om zes uur gezwommen.** (*ick häpp vann-<u>morr</u>-chèn omm säss üür chè-<u>swomm</u>-mèn*, Ich war heute Morgen um sechs Uhr schwimmen.)

Echt niet!

ächt niet

Sie können diesen Ausdruck, der »absolut nicht« bedeutet, als Verstärkung von **mij niet gezien** benutzen. Beide Redewendungen zeigen, dass Sie das soeben Besprochene auf gar keinen Fall tun würden; sie werden nur im weniger förmlichen Kontext verwendet.

Maakt niet uit

maakt niet èüjt

Übersetzt heißt dies: »Macht nichts«. Wenn ein Freund gerade eines Ihrer Lieblingsweingläser hat fallen lassen, können Sie diese Redewendung anbringen. Falls Sie das aber doch nicht kaltlässt, können Sie auch ausrufen: **Wat doe je nou**! (*watt du jè nau*, Was machst du denn da!)

Niet verkeerd

niet vèr-<u>keert</u>

Im Niederländischen wird **niet** (*niet*) sehr häufig verwendet. Da man nicht so schnell enthusiastisch auf etwas reagiert, passt es ganz gut zum Understatement der Niederländer. **Niet verkeerd** ist so eine typische Redewendung, die wörtlich übersetzt »nicht falsch« oder »nicht verkehrt« bedeutet, man kann es aber am besten vergleichen mit der deutschen Wendung »gar nicht so schlecht«. Abhängig von der Intonation kann darin schon eine gewisse Begeisterung mitschwingen.

Wat leuk!

watt löhk

Wenn Ihnen jemand etwas Optimistisches erzählt, können Sie mit diesem Ausruf darauf reagieren; er bedeutet: »Wie toll!« Achten Sie bei der Aussprache darauf, dass es wirklich begeistert klingt, denn sonst ist es eher zynisch gemeint wie das deutsche »Na toll!«, das keinesfalls Begeisterung ausdrückt.

Ik ga ervoor

ick chaa ärr-voor

Dieser Satz bedeutet: »Ich will es unbedingt erreichen«. Das sagt jemand, der sich für das Erreichen seines Ziels anstrengen will.

In diesem Kapitel lernen Sie ein paar Redewendungen kennen, die Ihr Niederländisch noch professioneller und geübter klingen lassen. Im Alltag werden Sie diese Ausdrücke oft hören und wenn Sie sie selbst anwenden, werden Sie Ihr Umfeld damit bestimmt überraschen.

Komt het gelegen?

kommt èt chè-lee-chèn

Diese Frage bedeutet: »Kommt es gelegen?« oder »Passt es gerade?«. Sie ermöglicht einen freundlichen Einstieg in ein Gespräch mit jemandem, der gerade beschäftigt ist. Eine Variante davon wäre: **Komt het uit?** (*kommt èt èüjt*) Die andere Person könnte darauf erwidern: **Waar gaat het over?** (*waar chaat èt oo-vèr*, Worum geht es?) und dann entscheiden, die Angelegenheit entweder sofort zu besprechen oder auf einen passenderen Zeitpunkt zu verschieben.

Stoor ik?

ßtoor ick

Wenn Sie jemandem diese Frage stellen, bevor Sie ihn in einem Gespräch unterbrechen müssen, ist das sehr höflich. Sie können auch sagen: **Mag ik even storen?** (*mach ick ee-vèn ßtoo-rèn*, Darf ich kurz stören?) Man wird Ihnen antworten: **Zeg het maar** (*säch èt maar*, Ja, was gibt's?) oder: **We zijn bijna klaar.** (*wè säijn bäij-naa klaar*, Wir sind gleich fertig.)

Je hebt gelijk!

jè häppt chè-läijk

Um jemanden in seiner Meinung zu bekräftigen und seine Zustimmung auszudrücken, kann man ganz formlos **Je hebt gelijk!** (Du hast recht!) sagen oder in der Höflichkeitsform **U heeft gelijk!** (*ü heeft chè-läijk*, Sie haben recht!). Dies zugebend, kann man den Satz aber auch als Einleitung für die eigene, vielleicht abweichende Argumentation benutzen, im Sinne von: **Je hebt gelijk, maar …** (*jè häppt chè-läijk maar*, Du hast recht, aber …)

Afgesproken

aff-chè-ßproo-kèn

Das ist der niederländische Ausdruck für »Abgemacht!«. Im Geschäftsleben wird er verwendet, wenn sich beide Seiten einig geworden sind. Dieser mündlichen Vereinbarung folgt natürlich ein schriftlicher Vertrag, aber der Ausdruck **afgesproken** oder **ik ga akkoord** (*ick chaa ack-koort*, ich stimme zu) hat durchaus einen verbindlichen Charakter.

Ik hoor het graag

ick hoor èt chraach

Dieser Satz, der wörtlich übersetzt »Ich höre es gern« bedeutet, wird oft am Ende einer E-Mail verwendet, um deutlich zu machen, dass man gern eine Antwort beziehungsweise Reaktion auf die unterbreiteten Vorschläge hätte. Er kann aber auch in einem Gespräch auftauchen, wenn man dem Gesprächspartner noch etwas Bedenkzeit einräumen möchte.

Klopt dat?

kloppt datt

Diese Frage bedeutet: »Stimmt das?« und sie könnte am Ende einer Vermutung oder Erkundigung wie zum Beispiel **Ik hoor dat je een andere baan zoekt, klopt dat?** (*ick hoor datt jè èn <u>ann</u>-dè-rè baan suckt, kloppt datt*, Ich hörte, dass du einen anderen Job suchst. Stimmt das?) stehen. Man verwendet diesen Zusatz häufig am Ende einer Frage, um sein Gegenüber im Falle einer falschen Mutmaßung nicht zu beleidigen oder zu verletzen.

Wat is er aan de hand?

watt iss ärr aan dè hannt

Diese offene und neutrale Frage bedeutet einfach: »Was ist los?«

Daar word ik niet blij van

daar worrt ick niet bläij vann

Personen in Leitungspositionen, die es gewöhnt sind, sich sehr diplomatisch auszudrücken, um niemanden vor den Kopf zu stoßen, verwenden diesen Ausdruck gern, um deutlich zu machen, dass sie mit einer Situation oder dem soeben Gesagten nicht zufrieden beziehungsweise einverstanden sind. Es bedeutet so viel wie: »Ich kann dem Ganzen nichts abgewinnen.«

Daar zitten wij niet op te wachten

daar <u>sitt</u>-tèn wäij niet opp tè <u>wach</u>-tèn

Wenn Sie mit diesem Satz auf etwas antworten, das Ihnen eine andere Person gerade erzählt hat, wird diese sich wahrscheinlich um eine andere Lösung des Problems bemühen. Sinngemäß bedeutet diese Redewendung: »Das ist das Letzte, was wir jetzt brauchen«, was zum Ausdruck bringt, dass Sie überhaupt nicht zufrieden sind mit der gegenwärtigen Lage. Die beiden letztgenannten Redewendungen sind übrigens sehr ähnlich.

Dat is koffiedik kijken

datt iss <u>koff</u>-fie-dick <u>käij</u>-kèn

Diese Redewendung kann Ihnen helfen, einen Vorschlag oder ein Projekt auf den Weg zu bringen, über dessen Ausgang sich alle Beteiligten noch unsicher sind. Es heißt wörtlich übersetzt: »Das ist Kaffeesatz lesen« und bedeutet so viel wie: »Keiner kann in die Zukunft schauen«, man muss abwarten, was passiert.

Stichwortverzeichnis